王湘穗 乔良 著

割裂世纪的战争

——朝鲜1950－1953

国防大学出版社
长江文艺出版社

北京长江新世纪文化传媒有限公司
www.cjxinshiji.com
出品

目 录

序

迟到十六年的纪念

十六年前，为纪念抗美援朝战争50年，我们应当时新华社军事分社社长谭道博之邀写了一本书。时为2000年，距1950年爆发的那场战争正好半个世纪，故我们将此书命名为《割裂世纪的战争》。很遗憾，这本书因为一个今天看来颇为荒诞的理由——引用了太多外国文献——没能出版。

今年是抗美援朝战争爆发66周年，国防大学出版社和长江文艺出版社有意联合出版此书。按理我们应吸收最新资料，对书稿做些修订。但由于时间关系，只是做了一些细微的调整。在此，我们向出版社致以谢意，也致以歉意。

1950年6月25日爆发的朝鲜战争，属于朝鲜和韩国；同年10月25日之后的抗美援朝战争，则属于中国。我们赞同徐焰将军的观点："朝鲜战争本不该打，抗美援朝战争却不得不打；朝鲜战争是平局，抗美援朝战争却是胜利。"

对抗美援朝战争，每一个中华人民共和国公民都应铭记在心。此一战是共和国在国际舞台上的立足之战，是中华民族重归世界民族之林的奠基之战。在此役前，中国和中华民族常被世界发达国家和强势民族所欺凌；此战之后，中国就再不是被丛林野兽们可以任意强食的弱肉了。为实现逆转屈辱历史的这一结果，先后有18万中国人献出了生命，仅阵亡的中国人民志愿军军人就有11万人。尽管他们的名字没能一一镌刻在英烈纪念碑上，但他们却以牺牲自己泽被后世。对此，我们和我们的后人都应永远铭记。

去美国时，我曾到华盛顿和夏威夷的美军阵亡将士墓地看过。那里有许多的凭吊者和鲜花，一幅幅浮雕式的战场示意图仍然色彩斑斓。同去的三十九军的老兵对身披雨衣保持着搜索队形的美军雕像喊道：卧倒吧，志愿军来了。66年前，麦克阿瑟没有听取中国人的警告，结果，他没能带领他统率的小伙子们回家过圣诞节；整整66年之后，朝鲜半岛局势再度微妙，麦克阿瑟的后继者们又想在中国周边玩火，我们的忠告是：小心为妙。

阵亡吹响了军人永久的熄灯号，但并不是所有的阵亡者都能获得永久的荣耀。

2016年3月于北京

王湘穗　乔良

楔　子

博尼斯蒂尔上校在地图上画了一条线

1945 年 8 月 9 日，苏联对日本宣战。10 日，史蒂柯夫将军的集团军攻入朝鲜，并迅速向南推进。当时，美军正忙于对日本的占领，离朝鲜最近的部队还在 600 千米外的冲绳。美军参谋长联席会议命陆军部尽快拿出一个方案，阻止苏军继续南下。

陆军部部长助理麦克洛伊立即同助理国务卿邓恩、海军部代表巴德等人在五角大楼连夜举行国务院、陆军部、海军部三方协调委员会会议，商量如何迅速派军队到尽可能北面的地方去受降。到这时他们才发现，眼下他们手中根本没有什么军队可以调动，美国军队能够在这座半岛的最南端釜山得到一个立足点就算万幸。这可让气势正盛的美国人心有不甘。当下陆军部部长助理便命他的下属，到隔壁办公室去搞出“一条尽可能向北推进但又不至于被俄国人拒绝的界线”。

几位将军匆匆跑进会议室，一边嘴里嚷嚷“我们必须赶快画出一条线”，一边指手画脚，命手下在下午四点钟以前务必拿出办法。一位名叫查尔斯·H·博尼斯蒂尔的上校，在地图上沿北纬 38 度线画了一条红线，对美国助理国务卿腊斯克说，这条线可以大致平分朝鲜。腊斯克随即拿上地图去向上司报告，很快便获得了杜鲁门总统的批准。于是，美国向斯大林发出电报，斯大林居然没有提出异议，这真让美国人大感意外。原以为苏联人能同意以北纬 37 度线作为分界就不错了。像现在这样划分，美占区不仅有朝鲜古都汉城，而且还有仁川和釜山这两个最好的港口。看来，天上有时的确是会掉下馅饼，特别是对于运气一向不坏的山姆大叔。

不久，苏军从已经占领的仁川、开城一线回撤。三八线就这样成了一条临时军事分界线。

如此这般，一个千年古国便像一块蛋糕，被一名无名之辈信手划分成两半。

第一部 ★
过早到来的顶点

罗斯福投下的巨大身影

历史学家们始终搞不清该把富兰克林·罗斯福看作狐狸还是狮子，以至于有人称他是有教养的机会主义者。这位兼有狐狸和狮子两种个性的大政治家，在如何建立和安排第二次世界大战后的世界秩序问题上煞费苦心，他认为，过去几个世纪试验过而且总是失败的各种权宜办法，如单方面行动、排他性联盟、殖民地式的势力范围划分、以战列舰比例为指标的力量均衡等，都已经过时或不足以应付战后世界新格局。必须建立一个范围广泛的国际组织，才有可能维护世界和平与安全。同时，他也知道没有其他大国的参与，这一设想不过是另一个“国联”式的海市蜃楼。正因此，罗斯福极力培养与丘吉尔、斯大林的个人关系，认为这是几个世界巨头之间保持思想一致并且共同相处的最好办法。他并不看重国家政治体制的不同，甚至认为和一个共产政权打交道比与一个具有议会民主的国家打交道更容易。“我只要说服斯大林一个人就行了。他不必考虑国会的意见。他讲了话就算数。”所有这一切罗斯福并非出自利他主义的考虑，而是基于美国的利益，他很清醒地认识到，一个由大国特别是美苏两国主导的世界秩序，既符合现实力量的对比又符合美国的利益。

在罗斯福的雅尔塔拼图上，朝鲜是无关宏旨的一块小碎片。也许只是为了保持战后格局的整体性，才使这位重大局而不拘小让的政治家，对这个刚刚结束了几十年日本殖民统治的"隐士帝国"，作出了一种漫不经心的安排：国际托管 20 ~ 30 年。

正极力为在"二战"中付出巨大代价的苏联谋求高额回报的斯大林，似乎也瞧不上朝鲜。他更看重的是旅顺港、中东铁路和外蒙古。在获得罗斯福对上述利益的保证后，他同意国际托管朝鲜，"只是时间不要太久"。大国领袖们对小国命运的漠视，就这样播撒下了导致朝鲜半岛战祸丛生的第一颗种子。

当然，若仅只到了这一步，朝鲜战争还不至于爆发，那种天人永隔的局面也不见得一定会出现。可人们总会再犯错误，直到灾难的到来。

1945 年 4 月 12 日，罗斯福的突然去世，不应该算是人为的错误。但这一上帝的安排，却多少改变了世界的走向。为了避免大国间再次为因争夺利益而对抗，罗斯福找到了力量和公正的平衡点——按实力和贡献来划分势力范围并据此设计世界新秩序。在他看来，昔日的大英帝国已经没落，而苏联显然应该被放在更重要的地位上。建构"雅尔塔世界"的要点只有一条，就是美苏必须有彼此明确的势力范围。他清楚地认识到，跟苏联在全世界划分势力范围符合美国的利益。

假如罗斯福活着，你绝不相信他会像杜鲁门那样，因丘吉尔说"我要发表重要讲话"，就跑到富尔顿小镇去为下野的英国前首相捧场。罗斯福是真正的船长。以他在"二战"中对苏联人的态度，应该不会被耸人听闻的"铁幕"演说打动，选择与苏联进行两败俱伤的"冷战"。更关键的是，如果罗斯福活着，那个只当了八十二天副总统的"密苏里乡巴佬"，便成不了总统，也就无由提出"捍卫自由世界，遏制共产主义扩张"的充满意识形态对抗色彩的"杜鲁门主义"。

然而，历史的真实是罗斯福死了，下野的丘吉尔成了一语成谶的冷战巫师，而杜鲁门当上了美国总统。小角色们在历史的空白地带填补巨人留下的位置的时候，总是急于要标新立异，使自己看起来也像个巨人。

自从丘吉尔的富尔顿讲话后，意识形态之争就开始全面主导国际事务，对抗代替了合作，与“邪恶帝国”的斗争超过了东西方在共同利益上的妥协。1946 年 3 月成立的苏美联合委员会，决定建立朝鲜临时政府协助中苏美英四国共管。杜鲁门不相信与斯大林的君子协定，斯大林也不信任杜鲁门。美苏在朝鲜事务上摩擦不断，彼此妥协的余地丧失殆尽。苏联的底线是绝不允许朝鲜出现威胁苏联远东地区安全的政府；而美国干脆把朝鲜视为“进行思想斗争的战场”——西方的民主政体与东方的共产主义，究竟哪个更强？1948 年 5 月，美国无视此前与苏联达成的国际托管朝鲜的共识，假手联合国在南朝鲜组织选举，建立朝鲜民主共和国，宣称自己是代表全朝鲜的政府；同年 8 月，苏联以牙还牙，支持北方成立朝鲜人民民主共和国。自此朝鲜事务被大国间的对抗拖上了一条布满荆棘的道路。

在错误的前提下开始的冷战轨道上，每一个错误都将成为下一个错误的前提。而当错误累积到足够多时，战争就成了最后的清道夫。

金日成和李承晚各自找到了统一朝鲜的支持者

朝鲜沦为日本殖民地后第三年出生的金日成天生就是一个爱国者。幼年时，他随父母移居中国东北吉林的临江和八道沟。11 岁时，曾回到出生地平壤万景台的彰德学校念书，但两年后又返回中国。少年金日成下定“朝鲜不独立就绝不再回”的决心，他说“没有当过亡国奴的民族，往往不懂得培养民族自尊心的需要”，正是亡国之痛使他成为一个具有极强民族自尊心的人。在中国参加抗日联军的日子里，金日成找到了可以帮助朝鲜民族独立的国际力量。直到 1945 年 33 岁时，金日成和他的战友们回到未完全独立也未完全统一的祖国，开始为毕生理想的最后实现而奋斗。

与金日成相比，1875 年出生的李承晚已是一个垂垂老者。他的经历要复杂得多。1899 年因勾结日本被关押到 1904 年。出狱后去了美国，在普林斯顿大学获哲学博士学位。1910 年日本吞并朝鲜，他回到汉城。先在教会的青年会做事，后当中学校长，以后进入民族运动的上层。1919 年，当上了“大韩民国临时政府”总统。他不顾朝鲜人民要求独立的强烈愿望，竟向美国当时的总统威尔逊请愿，要求由“国际联盟”托管朝鲜。为此受到谴责，并因贪污夏威夷旅美朝侨捐助的“独立基金”引起民愤，结果于 1925 年 3 月被赶下台，从此又流亡美国。美军占领南朝鲜后，“因为他是美国熟知的唯一的朝鲜领袖”，所以美国抢在活动于中国境内的临时政府之前，把他送了回来。李承晚回国以后，被军政府扶持为“民族议院”的议长。在杜鲁门政府坚持要南方进行的单独“选举”中，他当上“大韩民国总统”。李承晚说，他毕生都在寻找一种可以成为朝鲜民族救星的强权。美国人的支持，使他觉得终于找到了这种可以依赖的强权。

不幸的是，被三八线切成两半的朝鲜人，都以为找到了能够帮助自己实现民族独立的靠山。

南北朝鲜，两个政府，制度不同，政策也不同。在如何统一朝鲜问题上自然存在尖锐分歧。1948 年 12 月 25 日，苏联军队撤出朝鲜。朝鲜半岛的局势日趋紧张。从 1949 年 1 月到 4 月，南朝鲜军队在三八线挑起军事摩擦事件共 37 起，并秘密向三八线附近调集四万军队，给金日成造成极大压力。出于安全的需要，金日成两次向苏联方面请求缔结朝苏友好互助条约，并要求援助武器。莫斯科考虑美国可能以此为借口攻击苏联，没有同意。1949 年 3 月，金日成率党政代表团对苏联进行访问，与斯大林讨论了北朝鲜的安全问题。斯大林明确表示：加强北朝鲜的军队是必要的，但是没有必要害怕南朝鲜。4 月，莫斯科收到一份情报，称美国准备在 5 月全部撤出南朝鲜，南朝鲜决定，一旦时机成熟就于 6 月对北朝鲜发动一次大规模进攻，两个月结束战争。这使斯大林非常担心，毕竟当下金日成只有三个步兵师，武器十分缺乏，而南朝鲜却有六个经过美军训练的全副武装师。因此，苏联方面提议，应与北京协商，将中国人民解放军中朝鲜族官兵送回朝鲜，编入朝鲜人民军。6 月 11 日，李承晚公开宣布，南朝鲜准备给共产党人一个毁灭性打击。这更使平壤的不安情绪加重。到这时，苏联也开始认真考虑如何从根本上解决朝鲜问题。他们一方面坚持平壤应极力发动和平统一攻势，另一方面也陆续把包括重型武器在内的苏联军事装备运抵北朝鲜，帮助人民军把兵力扩充到九万人。9 月，金日成提议说，“他们能够在两个星期之内占领南朝鲜，最多两个月”，希望得到莫斯科的支持。对此，斯大林明确表示拒绝。此后，在朝鲜劳动党的倡议下，南北朝鲜 72 个政党和社会团体组成了祖国统一民族统一战线，并通过宣言提出了具体的方案，主张和平统一朝鲜。

从 1946 年起，美国军方开始认为朝鲜是美国势力范围的一部分，应该从军事上占领并用作反对苏联的前进基地。美国陆军部在 1946 年提出的建立永久性海外基地计划中，规定向南朝鲜投入巨额军费，帮助修建骨干公路、军用机场、海军基地和筑垒工事。1947 年，杜鲁门总统派特使魏德迈到朝鲜视察后，支持南朝鲜进一步加快扩军备战步伐，计划在两年内把南朝鲜军队扩建到 10 ~ 15 万人。1949 年初，李承晚给驻联合国“特使”发出密信，称“为了统一，除了缺乏武器之外，我们在其他方面都已经准备就绪”。当年美国向李承晚提供近两亿美元的武器。6 月，美军撤退，像苏联人那样，美国人也留下了一个顾问团。李承晚认为自己在武力上占有优势，又有美国的支持，因而竭力主张用武力统一朝鲜。他和他的同僚的好战言论，连西方记者都难以接受。1950 年 2 月，李承晚率“参谋总长”等高级军官访问东京直接听取麦克阿瑟的军事建议。从东京回来以后，李承晚召开“高级将校会议”，详细讨论“北伐计划”。1950 年 4 月，南朝鲜军部署在三八线上的第一梯队已达五个师，另有三个师作为进攻预备队。

显然，斯大林最初对金日成的支持程度远比不上美国人对李承晚的热忱。直到 1950 年 1 月，斯大林开始考虑接受金日成的要求，他在给苏联驻朝鲜大使的电报中明确表示：“我理解金日成同志的不满情绪，但他必须懂得，诸如他想要着手解决关于南朝鲜这样一件大事，需要有周密的准备。事情必须要组织得没有太大的风险。如果他想要与我讨论这件事，那么我将随时准备接见他，并与他进行讨论。请把这些转告金日成，并告诉他我准备在这件事上帮助他。”根据斯大林的提议，金日成等人于 3 月 30 日秘密访问莫斯科，一直到 4 月 25 日才回国。苏联方面与朝鲜商定，苏联对朝鲜的军事援助将采用有偿的方式进行。朝鲜以 9 吨黄金、40 吨白银和 1.5 万吨其他矿石来换取价值 1.38 亿卢布、足够装备三个师的苏联武器、弹药。苏联并派出了以瓦西里耶夫中将为首的苏军顾问组，协助制订“作战计划”。

1950 年 6 月 18 日，被称为“大韩民国教父”的美国重要政客杜勒斯访问南朝鲜，并到三八线实地视察。其后他声称，“美国方面会在远东采取积极行动以维护远东地区的安全”。美国究竟要采取什么“积极行动”，引起了广泛的猜疑，以致有人怀疑杜勒斯在制造战争阴谋。为挽救危机四伏的李承晚政权，尽管美国国会试图影响朝鲜政局，在 2 月通过《对朝援助法案》时，加上了一条附加条款，即“如果在大韩民国中出现一个有一名或一名以上的共产党员或北朝鲜所控制的政党党员加入联合政府”，美国将停止对南朝鲜的援助。但在 5 月 30 日进行的南朝鲜议会选举中，210 个议会席位，李承晚的国民党只保住 45 席。可以说，他已经丧失了合法执政的权力基础。而无独有偶，杜鲁门和艾奇逊发表不再涉入台湾事务的讲话后，蒋介石的国民党也正陷入为自己生存作最后努力的苦斗中。对于美国右翼势力来说，要保住环太平洋防线，遏止所谓共产主义进攻，他们太需要一场战争了。这就使得掩盖或无视战争即将临近的迹象变得十分必要。美国记者 I.F. 斯通在《朝鲜战争内幕》一书中指出了战争爆发时的几个疑点：几乎所有的军事情报部门，都有意地忽略北朝鲜军队进攻准备；而南朝鲜军官对在 6 月份要发生的事情都预先有所知晓；联合国派驻朝鲜的观察委员会的一名署名“Szu–Tu”的台湾观察员，事先准备了一份可以证明是北朝鲜进攻而南朝鲜是处于守势的报告。最有意思的是，在一次美国国会举行的听证会上，有人指证一些台湾商人似乎知道要爆发战争，而事先囤积大豆牟取暴利。所有这一切都很容易让人想起“珍珠港事件”，想起同样需要一场战争把美国卷入世界大战的罗斯福。

60多年过去了，美苏等国的战争文件仍未完全解密。朝鲜战争的许多秘密还隐藏于扑朔迷离之中。但导致战争爆发的必然原因已很清楚，这就是美苏之间的争夺。

要判断在一场两军都有意吃掉对方的战争中谁先开了第一枪，不仅十分困难，而且也没有意义。从1949年9月到战争爆发，三八线上摩擦不断，据不完全统计，共发生武装冲突1836次。双方都有发动战争的动机，哪一次冲突都可能点燃熊熊战火，哪一次冲突都可以拿更早的冲突作借口。

1950年6月25日，朝鲜内战爆发。

艾奇逊180度大转弯

朝鲜开战，对艾奇逊来说是一个沉重的打击。

迪安·古德哈罗·艾奇逊出身高贵，是康涅狄格州圣公会主教的儿子；受过良好的教育，是耶鲁大学毕业生；有一份不错的职业，是出名的律师。但是他似乎更喜欢从政，先后在罗斯福和杜鲁门总统手下效力。他的政治信念是自由主义，但是他的行动哲学却偏向于实用主义。他认为，“研究国际问题时，重要的不是辨明是非、分清责任，而是要对登台表演的各种力量有个透彻的了解，并以此为基础来判断能否采取措施和采取什么措施。”由于他处理问题总能一下子抓住核心，被许多人看作战后美国世纪的缔造者之一。“他对杜鲁门主义的作用大于杜鲁门，对马歇尔计划所起的作用大于马歇尔。”这样的称许虽有过分溢美之嫌，却也足以说明他在美国政坛上举足轻重的分量。所以，尽管在国会里有许多参议员对艾奇逊很反感，对他带牛津腔的口音，过于讲究的衣着，以及耶鲁和哈佛大学的出身，当然更主要是对他的不温不火的政策。但这在很长一段时间里都威胁不到艾氏在美国外交政策领域中的主导地位。不过，情况现在开始有了某种变化，从1950年年初，艾奇逊的日子变得难过起来。他对共产党过于“软弱”的态度已成为美国舆论街谈巷议的目标。特别是在一年前，蒋介石政府跑到台湾后，美国国内一些报纸的社论就不断地攻击是艾奇逊没有全力支持蒋介石，才让毛泽东在内战中占上风，最终使美国丢掉了中国。在是否承认红色中国的问题上，艾奇逊一直留有余地，绝不把与中国和解的大门完全关上。在他看来，中国并不像有些人说的是一个“苏联的卫星国”，中国是一个地缘大国，自有其独特的利益。美国应该承认红色中国，努力在中苏之间打进一个楔子，这才符合美国的战略利益。

1950 年 1 月 12 日，艾奇逊在记者招待会上用铅笔和咖啡杯摆出美国在西太平洋上的防御线：这是一条北起阿留申群岛，经日本、琉球群岛，南至菲律宾的环形防线。其中不包括台湾，也不包括南朝鲜，美国不会为保护这些地方而直接采取军事行动。这一显然是要“撒手不管台湾”的谈话引起了美国右翼政治势力的歇斯底里，他们攻击艾奇逊在太平洋地区搞绥靖政策，甚至说在国务院里潜藏着一个共产党集团。日后在美国臭名昭著的参议员麦卡锡煞有介事地对新闻界说，我手里掌握着一份名单，共有 205 名共产党人在国务院工作。对此，艾奇逊虽然感到很苦恼，但并不打算改变自己的立场。但朝鲜战争的爆发把艾奇逊逼到了墙角，他必须改变自己的政策。而且，不论是为了证明自己的清白和清醒，或是矫枉过正，他都只能选择更强硬的政策，尽管这些措施几天前在他看来还是十分荒唐的。不过，需要指出的一点是，即便到了这一步，在艾奇逊心中欧洲仍是关键，而发生在朝鲜的战争之所以要认真对待，主要是因为必须击退苏联人的试探。

战争爆发后的第二天，在杜鲁门总统的临时官邸——“布莱尔大厦”召开的国家安全会议上，艾奇逊提出了他一改旧章的五点行动方案：建议杜鲁门命第七舰队进入台湾海峡；保护台湾免受大陆攻击；从日本赶运军火去南朝鲜；派空军支援南朝鲜军队作战；要联合国采取行动支持李承晚。与会者包括艾奇逊以前的反对者们，这次他们空前一致地赞同艾奇逊的意见。

27 日，杜鲁门发布武力介入朝鲜战争的指令，“为了直接支援韩国军队，要以远东海、空军攻击侵入三八线的北朝鲜军队。此项行动的目的在于，把北朝鲜军队从韩国赶出去”。同时命第七舰队封锁台湾海峡。为使这一切合法，当晚在艾奇逊的努力下，联合国安理会通过决议：为击退北朝鲜的进攻，建议联合国各成员国向韩国提供军事援助。这里还要特别指出的是，此前由于苏联代表马立克以未能恢复中华人民共和国在联合国的合法席位为由，拒绝出席安理会会议而返回莫斯科，结果却不期然地使得这项违背联合国宪章、旨在干涉他国内政的决议得以通过。这一巧合为什么得以发生至今仍找不到令人信服的答案。但不管怎么说，美国操纵国际组织，先陷对手于不义再施以打击的手法在联合国的舞台上一开始使用就十分老辣。

一天以后，也就是 6 月 28 日，政务院总理兼外交部部长周恩来代表中华人民共和国政府发表声明：杜鲁门 27 日的声明和美国海军的行动，乃是对中国领土的武装侵略，对联合国宪章的彻底破坏。美国政府这种暴力掠夺的行为，并未出乎中国人民的意料，只是增加了中国人民的愤慨，因为中国人民许久以来即不断地揭穿美国帝国主义侵略中国、霸占亚洲的全部阴谋计划，而杜鲁门这次声明不过是将其预定计划公开暴露并付诸实施而已。我代表中华人民共和国中央人民政府宣布：不管美国帝国主义者采取任何阻挠行动，台湾属于中国的事实，永远不能改变，这不仅是历史事实，且已为《开罗宣言》、《波茨坦宣言》及日本投降后的现状所肯定。我国全体人民，必将万众一心，为从美国侵略者手中解放台湾而奋斗到底。战胜了日本帝国主义和美国帝国主义走狗蒋介石的中国人民，必能胜利地驱逐美国侵略者，收复台湾和一切属于中国的领土。

艾奇逊的建议和杜鲁门的决定，使美国一下子卷入了发生在两个国家不同时间的两场内战：中国的和朝鲜的。无论从当时看还是从现在看这都毫无疑问是一个绝大的错误。对中国人民族性格以及中国共产党人特点的无知和无视，对共产主义全面扩张的虚幻担心，使杜鲁门走出了决定 20 世纪下半叶世界走向的一步错棋：让美国与中国这两个在历史上并无敌意的大国迎面相撞。对这个必然到来的巨大危险，几乎所有人都毫无防范之心。有后人评论杜鲁门与艾奇逊是“鲁莽的一对”，而实际上他俩生性还比较谨慎，对卷入中国和朝鲜的内战曾经是他们极力想避免的事。可是当“冷战”意识开始左右一个时代时，原本尚有战略眼光的智囊之辈也只能顺理成章地变成“鲁莽”的反共斗士。

1950 年 6 月底，介入朝鲜战争几乎成为美国朝野的共识，以至于行政当局觉得不必再经过国会的批准，尽管参战的决定很可能“会在一片欢呼声中通过”。在杜鲁门看来，这不过是将轻易完成的一次“警察行动”。艾奇逊要到几个月后才会为战争出乎意料的发展感到恼怒，才会拍桌子大叫“如果世界上最聪明的人为我们找个最糟糕的打仗地点，那一致的选择必然是朝鲜”。而在刚决定参战的那几天，他只是觉得朝鲜像“在鲸鱼之战中被碾碎的一只小虾米”，不禁对其抱有几分同情之心。

柴成文由赴东德改成了去朝鲜

西南军区情报处处长柴成文被召到北京时，他的任务还是准备去东德外交使团任职，中央组织部甚至请他帮助物色适合出国工作的德语翻译。6 月 30 日夜，周恩来总理把柴成文召到中南海西花厅谈话。在座的还有外交部副部长章汉夫、军委情报部第一副部长刘志坚。周恩来开门见山，“朝鲜打起来了，美国杜鲁门政府不仅宣布派兵入侵朝鲜，侵略台湾，而且对进一步侵略亚洲作了全面部署。他们把朝鲜问题同台湾问题连接在一起，同远东问题连接在一起，所以我们需要派人同金日成同志保持联系。倪志亮大使在武汉养病，一时去不成。你不要去柏林了，去平壤。”在征求柴成文的意见后，周恩来向他交代了具体任务。请柴成文带几个军事干部到朝鲜充当军事观察员，但不要以观察组或联络组的名义，而是以中国驻朝鲜外交使团的名义进行工作。7 月 8 日，柴成文以中国驻朝鲜大使馆临时代办身份，率领参赞倪蔚庭、参赞薛宗华，一等秘书张恒业，武官朱光，副武官王大纲、副武官刘向文等人乘火车离开北京。

10日，代表团到达平壤。下午5时金日成接见了柴成文一行。

金日成向代表团简要介绍了战况。当时的战场形势，对朝鲜人民军十分有利。战争爆发第四天，即6月28日，人民军攻克汉城，统一祖国的第一次战役结束。6月30日发起第二次战役，即水原战役，当天即突破汉江防线，7月4日解放水原。在人民军10个师中，有3个师是由中国人民解放军第四野战军中的朝鲜族官兵组成的，加上苏联的装备，战斗力很强。美国海、空军的介入，甚至包括像添油一样添上来的美24师，也无法遏止北朝鲜军队的凌厉攻势。7月5日，人民军在乌山与美国步兵第24师一个步兵营和一个炮兵营组成的史密斯先遣队交火，并将其歼灭。令金日成不安的是美军增援部队越来越多，除已经登陆的美步兵24师、25师外，美装甲坦克师——第1骑兵师也即将抵达。驻扎在日本的美国第8集团军司令沃克中将被任命为驻韩美军司令，统一指挥美军和李承晚军队。当时，人民军正在进行第三次战役——大田战役，力求在美军基本兵力展开前，消灭大田一带的敌人。

7月13日，金日成到前线指挥大田战役。该役歼敌3万多人，特别是重创美步兵24师，还俘虏了刚上任18天的少将师长威廉·迪安。美国人坚信迪安已经阵亡，便迫不及待地给他授勋。让美国人感到尴尬的是，1953年9月5日交换战俘时，迪安将军活着回到了美国。

从7月21日开始的第四次战役，以李承晚“临时首都”大丘为主要突击方向。8月1日金日成再次到前线指挥战事。8月8日，人民军突破被美军称为“最后一道防线”的洛东江，20日战役结束。金日成在回平壤后对柴成文说，一些部队按苏军的平推打法，不敢大胆穿插，因而歼敌不多。实际上那时美军已大批抵达，被压缩在朝鲜西南海岸形成重兵集团，而北朝鲜军队的供应线不断拉长，加上美空军轰炸，供应已出现了困难，大规模歼敌的时机已经过去。

战争爆发一个多月，人民军解放了90%的地区和92%的人口，似乎胜利在望。金日成决心在8月31日发动第五次战役——釜山战役，一举解放全国。他并没有意识到由于美国的介入，力量的天平正在向不利于北方的方向倾斜，战场形势已开始逆转。

在金日成倾全力向对手猛击的时候，麦克阿瑟找到了这位年轻统帅的破绽。

麦克阿瑟摆下 50000:5 的赌局

也许是“狼来了”喊得太多，对于那些已听过一千多遍朝鲜南北双方发生摩擦消息的人来说，这一次朝鲜开战的消息也没有引起什么人包括驻远东地区美军总司令麦克阿瑟的重视。作为从军 50 年已经 70 岁，并且经历了四场大战的老将，他对感到有些紧张的下属保证，李承晚能顶得住，一周以内这场边境冲突就将和以往的摩擦一样烟消云散。可是这一次，他显然估计错了。北朝鲜军队三天就攻下了汉城，而被美军顾问团称作“仅次于美军的”韩国军队似乎不堪一击。局势顿时变得严峻起来。

6 月 26 日，参谋长联席会议主席布莱德雷根据杜鲁门总统的决定用电传机下达了第一号指令：1. 为防止金浦、汉城地区损失，迅速给南朝鲜军队供应弹药和装备。为确保上述物资的运输，可用必要的空军和海军实施护送。2. 撤退在南朝鲜的美国人。3. 向南朝鲜派遣调查团，调查并报告：“如何才能最有效地援助韩国？”

麦克阿瑟最初的感受是受到了轻视，没有人同他磋商。他在回忆录中写道：“没有征询拥有宣战权的国会的意见，甚至没有同有关的军事指挥官磋商，政府行政机构的成员们就同意了参与朝鲜战争。这一决定本身所冒的风险，包括中国和苏联卷入的可能性，在当时就像后来一样明显。”虽然这种“可能性”一开始就非常明显地存在，但麦克阿瑟的这段见解清醒的描述却是尽人皆知的马后炮。因为后来发生的事实是：他本人和他在回忆录中指责的美国政府一样，都没能充分认识到轻率介入一场远东战争的风险，并且显然对中苏特别是中国卷入战争的可能性及其严重后果毫无准备。从现在可以找到的文献记录来看，这位从不把东方人真正放在眼里的五星将军，从北朝鲜军队开始南下之初便技痒难耐，一接到消息麦克阿瑟就立即开始了行动。根据华盛顿第一号指令，他派出以后勤部副部长约翰·查奇准将为团长的调查团。调查团于27日6点到达板付后，接到了华盛顿发出的第二号指令：

“为了直接支援韩国军队，要以远东海、空军攻击侵入三八线的北朝鲜军队。此项行动的目的在于，把北朝鲜军队从韩国赶出去。”

调查团不到一天的时间，便完成了“最有效地援助韩国”的转变：由调查团改称前进指挥部兼联络处，承担起指挥驻韩美军顾问团支援韩国军队的任务。查奇准将向麦克阿瑟报告：只有投入美军地面部队才能挽回局势。6月29日，麦克阿瑟乘坐C-54“巴丹”号专机飞往水原机场，在飞机上他向第5航空队司令官帕特里奇少将下达命令：“立即攻击北朝鲜的飞机场。机密。麦克阿瑟已批准。”这时，美国政府还没有允许攻击三八线以北地区，这种越权行为后来并未当作太大的问题对待。这显然鼓励了麦克阿瑟的胆大妄为。

通过实地视察，麦克阿瑟得出的结论是，“有投入地面部队的必要”。他立即用电传机与美国陆军参谋长柯林斯上将取得联系，说明“时间很重要。不能犹豫不决，要立刻作出决定”。杜鲁门总统于6月30日4点，批准了麦克阿瑟将军提出的派出一个团战斗群参加战斗的要求，接着又批准再投入两个师和对北朝鲜进行海上封锁。在五天时间里，美国以急行军般的速度完成了从对朝鲜进行“警察”行动，到全面介入战争的过程。

半是因为形势所迫，半是因为轻敌，美国出兵朝鲜采取的是兵家最忌讳的“添油”方式。其结果不难料定，不到半个月时间，最先投入战斗的美24师就成了半瘫痪状态。次第投放的美25师、骑兵1师、美2师和海军陆战旅随即也陆续陷入苦战，仅仅靠着美海、空军一边倒的优势和全力支援才勉强守住了釜山防线。这一军事上的败笔，被掩藏在其后到来的仁川登陆的辉煌光晕之中，没有被美国军人重视。十几年后，美国在越南再次用“添油”的方式增兵，结果又一次惨败。直到鲍威尔和施瓦茨科普夫这一代参加过越战的军人才认真吸取了这些教训，为他们最终赢得海湾战争奠定了基础。对真正出色的将领来说，前人失败的教训往往比成功的战例更值得借鉴。

7月7日，美国操纵联合国安理会通过决议，组成以美军为主的“联合国军”。参加“联合国军”的国家有16个，除美军外，英国派出两个旅，加拿大和土耳其各派1个旅，其他国家只象征性地派遣1个排到1个营。7月8日，杜鲁门任命麦克阿瑟为“联合国军”总司令。于是，麦克阿瑟开始全力以赴地投入将给他军事生涯带来辉煌顶点，同时也带来最大耻辱的朝鲜战争。

麦克阿瑟后来回忆，他是在第一次视察战场时站在汉江边的小山上构思退敌方略的，“在这座山上，在我脑子里描绘能够对付现在绝望情况的唯一方法就是投入美国陆军和转败为胜的唯一的战略机动——仁川登陆方案，并且分析了具体实施的可能性”。回来后的第二天，即7月1日，他命令其参谋长阿尔蒙德少将研究被称作“蓝心计划”的登陆方案，7月4日，驻日本关东地区的第1骑兵师接到准备在仁川登陆的命令，并于7月6日登船。由于第8集团军在朝鲜南部的战线一直不稳，而仁川登陆成功的条件必须在朝鲜南部有巩固的防线并且能吸引住大量敌军。麦克阿瑟被迫于7月10日取消了“蓝心计划”。把第1骑兵师的登陆地点改在东海岸的近日湾，以支持釜山防线。从那时候起，他开始着手制订更大规模的“烙铁计划”，要实施这一计划就需由美国国内派遣战略预备队，才能组织起登陆集团。而这必须先说服参谋长联席会议的高级将领们。

无论是时任美军参谋长联席会议主席的布莱德雷、陆军参谋长柯林斯还是海军作战部部长谢尔曼，全都支持麦克阿瑟的登陆计划，但也全都反对在仁川登陆。他们认为，仁川距釜山240千米，在仁川登陆会更加分散本来就很少的“联合国军”兵力。而且预定在仁川登陆的兵力只有两个师，很可能遭到各个击破，由于没有预备兵力，这种局面将格外危险；按登陆计划，要从第8集团军抽调陆战旅用于第一波登陆，将可能危及釜山防线稳定；如果釜山保不住，仁川也将崩溃。仁川的地理、地形和海洋气象方面的条件完全不适于登陆作战。作为军队的最高负责人，布莱德雷主席不同意这一困难的孤注一掷的作战，派遣陆军参谋长柯林斯、海军作战部部长谢尔曼和空军代表爱德华中将前往东京，同麦克阿瑟协商将登陆点改为仁川以外易于登陆的地点。在会议上，8 名海军军官从不同的专业技术角度陈述仁川不适宜登陆的理由：在仁川附近没有海滨，只有宽达 3.2 千米的泥洲；仁川港是世界上第二个潮差最大的地方，平均潮差为 6.9 米，大潮时为 10 米以上。为此在落潮时要进入仁川，就必须航行在泥沙之间自然留下宽 2 千米、长约 90 千米，深 10–18 米的唯一的弯曲航道上。这条航道十分便于敷设水雷，假如北朝鲜人懂得这么干的话。而如果有一艘舰船触雷，这条唯一的航道就会完全堵塞。由于上述条件的限制，麦氏所坚持的登陆就只能利用大潮时和傍晚满潮时，直接在仁川港码头进行，别无他法。因此，仁川登陆的时间也就只能限制在 9 月 15 日、10 月 11 日、11 月 2 日的大潮时分，所以要隐蔽登陆时间几乎是不可能的。由于 10 月后黄海季风猛烈，船只航行困难，因此只有 9 月 15 日适合登陆。9 月 15 日满潮时间分别是 6 点 59 分和 19 点 19 分。由于潮差太大，能够组织器材登陆的时间仅限于满潮时的两个小时。攻击用的舟艇不在两小时内登陆完毕，就要在敌海岸火力网中暴露在仁川港的泥沼上。除此之外，标高 105 米的月尾岛还堵住了仁川港的入口。因此，在仁川登陆前必须压制月尾岛，这将失去战术奇袭的效果。即使成功，还必须直接向仁川港 5 米高的陡岸实施登陆。海军的结论是：仁川具有的是不适合登陆作战的各种条件，虽然不是绝对不可能，但作为海军却不推荐。对于海军的上述意见麦克阿瑟已经听了 14 次，所以中间只插问了一句话。陆军则认为仁川登陆对战局影响不大，主张在离釜山更近一点的群山登陆。这一意见，立即得到了谢尔曼将军的赞同。

麦克阿瑟耐着性子听完了一个半小时的发言，然后用 45 分钟发表了被战史家称为“辉煌”的演说，充分展示了他过人的辩才，“刚才大家提出各种各样不能实施的论点，恰恰证明仁川登陆可以起到奇袭的效果。敌军司令官肯定不会想到我们会进行铤而走险的作战，奇袭是战争中获得成功的最大因素。关于潮汐、水位、地形和其他障碍方面的难题，确实是严重，很值得考虑。然而最大的难点也能够克服。我完全信赖海军。实际上，我比海军本身更相信海军。太平洋战争中，海军在我指挥下参加过多次登陆作战，积累了丰富的经验。而且情况同仁川大体一样，困难的地方很多，所以我对海军的能力没有任何怀疑。关于在群山登陆的提案，的确群山没有仁川的那些困难，但是在那里登上陆地也不会取得决定性的战果。只有从仁川登陆，切断敌人的补给线，才能够使敌军部队的战斗力处于瘫痪状态。如果我与敌正面较量，我军的官兵就会像屠宰场上的牛一样钉在沾满鲜血的防卫线上，要夺回南朝鲜将付出十万人生命的代价。最后要强调的一点是，如果我判断错误，在仁川遇到难以对付的防线，我会在现场纠正我的错误，立即撤退部队。我们的损失可以败坏我个人作为指挥官的名声来解决，而仁川作战不会失败。”

听完麦克阿瑟令人心醉神迷的演说，原先反对声叫得最响的谢尔曼海军上将从座位上站起来：“谢谢！这是伟大事业中的伟大召唤。”说服了海军，说服布莱德雷和柯林斯就容易多了，因为这些陆军将领知道，在美国海、空军占有绝对制海、制空权的情况下，在哪里登陆都能成功，他们所不愿意的只是不必在仁川冒险。麦克阿瑟的坚持使参谋长联席会议的将军们难以拒绝。8 月 29 日五角大楼下达作战指令，有附带条件地同意仁川登陆方案。

仁川登陆的决策过程，到今天仍可给以多方面的启迪。科学的决策体制是军队现代化的重要标志，也是实施现代化战争的前提。军官之间、军种之间对作战方案事先坦诚地交换意见，哪怕是反对意见，肯定是避免失败的第一步骤。只有在此基础上，高级将领才能向政治领袖提出有高度职业水准的军事建议。计划一经批准，就充分尊重战场指挥官的决定，认真落实符合现代战争特点的委托式指挥，而不再在具体作战中对战场指挥官的决定说三道四，这几乎是现代战争致胜的前提。一些战史研究者把麦克阿瑟的成功看成他独特的经历和个人魅力的结果。因为麦克阿瑟在美国军队中的确是富有传奇色彩的人物，他在第一次世界大战时就指挥过著名的“彩虹师”，战后又任过西点军校校长、陆军参谋长，许多将军不是他的下属就是他的学生，不少人对他抱有崇拜之心。但是，这一切并不足以让他在美国军队中随心所欲，他必须依照决策程序说服参谋长联席会议的将领们。麦克阿瑟心里非常清楚这一点，因此严格按程序请示报告，当然他也绝不会忘记施展个人的魅力去实现这一目标。他是一个天生的好演员。有人曾问当过他副官的艾森豪威尔，你从他身上学到过什么？艾森豪威尔笑着回答：表演。

作为一个有经验的作战指挥官，麦克阿瑟深知此番仁川登陆充满风险。9 月 12 日，他从日本佐世保登上“麦金利山”号军舰。在向仁川进发的途中，麦克阿瑟对指挥部的参谋们发表惯常演说：“如果说仁川登陆是个大赌注，我认为这是往盒子里面投 5 个美元，然后打开将捞到 5 万美元。5 个美元就是仁川登陆。这个巨大的赌博，就是华盛顿将美军投向亚洲大陆的决策。如果美国把 1000 万美国人投到亚洲大陆，敌人可能轻而易举以 4∶1 的兵力对付我们。因此，我要用自己的办法，也就是两栖登陆，而不是用敌人的办法（正面攻击），来同他们战斗。以两个师在仁川登陆，作战的目的并不只是要进行登陆，而是为了粉碎北朝鲜军队，而只有切断北朝鲜军队的基本运输线才能达此目的。南北朝鲜的主要运输线包括铁路和公路都要经过汉城。因此夺取汉城这个交通枢纽，就为我们提供了一个‘铁砧’，以便我们以第 8 集团军粉碎汉城以南的北朝鲜军队。”

这番话说得何等意气风发，信心十足，但在内心里，麦克阿瑟还是感到非常不安。在进攻前夕，他在自己的舱室里来回踱步，喃喃低语，他对副官说：“仁川登陆的取胜希望非常渺茫，取胜的关键在于敌人配置薄弱，在于敌人判断我军不会在这样的地点登陆。”

雷英夫预测出美军将于 9 月 15 日在仁川登陆

事后看来，雷英夫是有可能改变这场战争走向的小人物。作为中国军队总参谋部作战军官，他一直关注着朝鲜战局的发展。8 月，朝鲜战争进入胶着状态，下一步美国人会怎么打？这是雷英夫苦苦思索的问题。在一次战况研究会上，雷英夫谈出了他思考的结果：美军将在朝鲜实施两栖登陆。理由如下：1. 美军和南朝鲜军 13 个师集结在洛东江三角地带的狭小滩头阵地上，既不进攻也不撤退，摆出一副死守的架势，这不合情理，似有意吸引人民军主力，这是诱兵之计；2. 美军在日本集结两个师，成立了第 10 军，但既不增兵朝鲜前线，又不在日本布防，而是天天搞突击训练，有开辟新战场的迹象；3. 在地中海、太平洋执勤的英美舰船目前正向朝鲜海峡靠拢，这是要实行登陆的迹象；4. 麦克阿瑟是组织两栖登陆的老手，在对日作战中他发明了“跳岛战术”，并成功地指挥过 11 次两栖登陆，其部队和参谋班子也擅长登陆作战；5. 朝鲜半岛南北长，东西窄，三面环海，易于登陆。

周恩来非常重视这位军事顾问的见解，立即带他到菊香书屋向毛泽东汇报。毛泽东进一步询问雷英夫：“朝鲜西海岸适宜登陆的地方很多，什么地方可能性最大？”

“仁川。仁川港水文条件最不适宜登陆，也因此可以出敌不意。麦克阿瑟作战喜欢戏剧性效果，他极有可能选择仁川。”

“美军会在什么时候登陆？”

“合适登陆的时间有三个，以 9 月 15 日可能性最大。”

毛泽东沉思片刻，对周恩来说，这是个值得注意的战略问题，要给斯大林拍份电报，同时向金日成打个招呼，让他们有所准备。

但是，不论是斯大林，还是金日成，都没有重视这个至关重要的提醒。几十年后，由日本陆战史会编写的《朝鲜战争》中指出，“仁川登陆是成功还是失败，可以说首先是在北朝鲜军队心里”。此言极是。然而，一次改写朝鲜战史的机会便在不为人知中悄然而逝。

克拉克上尉按时点亮了八尾岛灯塔

39 岁的尤金·克拉克上尉是个搞情报的新手，但却有丰富的航海经验。他从澳大利亚到菲律宾参加了整个太平洋战争，历任登陆舰的航海长、通信长、炮长和舰长，长达 16 年的海上生活使他具有能判定登陆地点适当与否和决定操舰方法的能力，而且多少能讲一些日本话和中国话。在担任战争罪犯审判的翻译期间，他转到了驻日美军参谋部的 G2（情报）部门工作。8 月 26 日，克拉克上尉被叫到秘密会议室，头儿们告诉他，“仁川登陆已经批准，但情报不充分，必须派人潜入仁川港进行侦察，搞清楚敌情和地形。侦察的成果是整个作战成功与否的关键，除了你以外没有其他人能完成这个任务。”克拉克上尉领受了这一命令。他除了给自己准备电台、冲锋枪、自动步枪、卡宾枪、手榴弹和数箱子弹外，还带了 30 箱 C 口粮，2 箱威士忌酒，又买了 180 斤大米和 90 斤鱼干。所有这一切后来都派上了用场。显然，克拉克上尉对东方的人情世故有透彻了解，他知道在战乱中如何与陌生人迅速建立合作关系。

8 月的最后一天，他和中央情报局几个特工加上两个南朝鲜的情报人员组成一个情报小组，被派到仁川附近的灵兴岛进行侦察。灵兴岛在仁川以南十几千米处，没有北朝鲜驻军，只有一个渔民村庄。克拉克用带来的一些大米、鱼干和糖换取渔民的合作与情报。他甚至招募了一些当地的青年，作为守卫队，监视离灵兴岛几百米远的大阜岛上的 300 名北朝鲜军队的活动。克拉克的主要任务是要勘察低潮时淤泥的厚度和防波堤高度的准确数字。晚上，克拉克划舢板到防波堤边，脱掉衣服检查泥地，他两个膝盖都陷进脏兮兮的污泥中，行动十分艰难。他得出结论，在战斗中全副武装的士兵可能要陷到齐腰深的地方，无法徒步登陆。接着他又对防波堤的高度进行了测量。随后的几天，他派行动小组的其他人对仁川地区北朝鲜军队是否增兵的情况进行了侦察，他自己则发现月尾岛的炮兵掩体增加了许多，又发现北朝鲜人还没有在飞鱼峡航道中布雷。每天晚上，克拉克上尉都要向东京发电报。

报告 1：在沿仁川码头陡岸的堑壕里有朝鲜军队 1 个连。

报告 2：在月尾岛原美国通信站附近有高射炮 2 门。

报告 3：在月尾岛西侧有机枪 4–5 挺，西南侧有机枪 2 挺。步兵堑壕设在水际后方数英尺外。除在小月尾岛有大口径火炮 3 门外，在防波堤的突出部还有 1 门口径不明的火炮。

报告 4：在月尾岛的塔式红色大型建筑物里，似乎是炮兵指挥所。

报告 5：在小月尾岛上总共部署了 25 挺机枪和 5 门 120 毫米榴弹炮。

报告 6：在月尾岛向海正面有海岸重炮 20 门，混凝土堑壕和坑道在岛上穿过。岛上兵力估计有 1000 人左右。除劳动人员禁止出入。

报告 7：仁川港潮汐的情况以日本绘制的潮汐表最为准确。

报告 8：仁川的泥沼地，军队和车辆难以通过。

为了获得更多的情报，同时保持航道的畅通，克拉克上尉在十几天中捕获了 30 多条渔船。他的行动引起了住在附近的北朝鲜军队的注意，他组织自己的守卫队在飞机的配合下击退了北朝鲜军队的进攻。他深知这次侦察任务的危险性，他把一颗开了盖的手榴弹挂在腰上，打算在最后时刻拉响它：因为“我知道太多的秘密，绝不能被活捉”。

克拉克上尉不仅有主动冒险精神，而且总能抓住问题的关键。他发现在整个飞鱼航道上，八尾岛的灯塔是航道唯一的标志，但是已被北朝鲜军队破坏。他决定潜入八尾岛侦察。上岛后，他发现灯塔只是旋转反射镜用的电池被切断，灯具本身没有毛病。克拉克熟悉这种法国制造的大型油燃式灯，知道稍加修理就能点燃灯芯。他向东京报告八尾岛灯塔的情况，电文说，登陆当夜如果需要，他就能点燃灯芯。第二天早晨他收到命令“9 月 14 日 24 时点亮灯塔”。

登陆之夜，当看到指引航路的灯光时，一些不明就里的海军舰长简直不相信自己的眼睛。难道北朝鲜人真的完全没有准备吗？看来阿尔蒙德军长说得对：仁川登陆只不过是一次机械作业。当日后他们知道了真相，都被克拉克上尉的大智大勇所打动。

任何军队都景仰和鼓励英勇作战的勇士。战后，克拉克上尉获得了海军颁发给他的勇士们的十字勋章。

潘尼迦大使在美国和中国之间传递口信

战争充满诡异。既然登陆的意图及时间都难以隐瞒，唯一可以大做文章的就是隐蔽登陆地点。从9月5日开始，美空军对西海岸最适合登陆的群山地区周围50千米范围内的公路桥和铁路设施进行猛烈轰炸；12日派出一名陆军上校率袭击队在群山海滨登陆。第5航空队的飞机在群山上空抛撒传单：美英军即将登陆，请沿海居民迅速撤离。在对登陆部队进行战前训练时，也只是告知群山的地形。一直到9月14日下午，才向陆战队员明确真正的登陆地点。9月13日，“密苏里号”战列舰率数艘驱逐舰驶向东海岸，对围攻釜山的朝鲜军队背后的炮台、海岸阵地、铁路、桥梁进行猛烈炮轰。同时，派“特里姆盖”号航母等舰炮击平壤外港和清川江口达阳岛，进行欺骗和心理作战。报纸和电台也在散布各种谣言，说“沃克将军正在组织釜山地区的反击”，“国防部官员透露，反击将在10月15日开始”。这一切举动使北朝鲜军队误以为美军将在群山登陆，而轰炸仁川只是佯攻。

而这些还都只是战场上的小骗局。8月17日，美国驻印度大使汉德森向印度外交部表示，美国不愿让冲突扩大，但如果中国人使冲突变得更凶、范围更大，美国将只好打击中国的运输系统和工业基地。9月5日，美国驻印度大使再次要印度外交部帮助给中国人传话，美国对中国并无偏见。美国目前的强硬态度是因为中国有敌对意向并支持北朝鲜。这是美国人在仁川登陆前，希望稳住中国的战略佯动。在仁川登陆成功后，杜鲁门尚未决定美军是否要越过三八线，占领全朝鲜。美国故技重施，要求尼赫鲁总理让印驻华大使潘尼迦告诉中国，千万不要参与朝鲜的战争。美国希望印度把这一点作为自己的意见去说，潘尼迦大使在约见聂荣臻代总长时，按印度政府的指示如此这般地转告了中方。

其实周恩来已经发现美国人利用印度大使搞战略欺骗，但他仍然很重视这条渠道。他在10月24日的一次报告上说，“一个月以前，就是说美军在仁川登陆前，我们曾经考虑，美帝打到三八线后是否会停止，尔后转为外交谈判。在敌人占领汉城以后，尼赫鲁曾经对我们说，三外长会议已经说好，不过三八线，如果过三八线也要提到联合国来决定。但我们得到的情报是，他们要稳住中国，过三八线，过了以后，再搞中国。我们看穿了骗局，所以在 9 月 30 日声明：对美帝侵略朝鲜我们不能置之不理。10 月 1 日、2 日的消息是美军已过三八线，南朝鲜军则在三八线以北深入很远。我曾找印度驻华大使指出，以上情况与尼赫鲁所说不同，我们对朝鲜问题不能不管，要他通过尼赫鲁转告贝文。过了几天，敌人的推进并不停止。不久，贝文通过尼赫鲁向我表示，过了三八线到距鸭绿江四十英里时即可停止。当时敌人已进至平壤。目前，敌人又由平壤北进。这显然是对我们的第二次欺骗。”

潘尼迦大使在 10 月 3 日凌晨被周恩来紧急约见后，及时向美国人转达了中国总理的警告。美国国务院得知这一信息后，向杜鲁门作了报告。但他们认为潘尼迦同情中国，是个“粉红色”大使，他也许是在帮中国人吓唬美国。于是指示美国驻印度大使转告其政府，中国政府的说法是想在此紧要关头让印度和其他联合国成员动摇，而让北朝鲜部队在三八线以北重组起来，这只会使他们更加藐视联合国并使朝鲜统一更为困难。

潘尼迦大使给美国回话时谈了自己对中国的看法，朝鲜事态发展，将使中国领导认识到苏联政策的弱点，他们将在“倒向苏联一边”的同时走自己的路，其趋向是不接受苏联的政治领导。这位大使的见解，应该说是富有洞察力的，但那时中国还不可能摆脱苏联的影响，特别是在美国和整个西方世界几乎都在敌视红色中国的时候。

10 月 5 日，潘尼迦会见中国外交部副部长章汉夫，他告诉后者，英国外交大臣贝文对尼赫鲁总理说：艾奇逊先生最近对他表示，关于美军飞机进入中国东北领空的事，美国首先对中国遭受意外损失表示遗憾，美国愿由中立国家来调查损失并对损失作出估价。但中国已经认定，这不过是美国的又一次缓兵之计。10 月 10 日下午 4 时，潘尼迦递交了贝文外交大臣给周恩来的电报：如果北朝鲜不愿放下武器，那么“联合国军”统帅将无他途可循。

毛泽东作出了他平生最困难的一个决定

“解放台湾”是毛泽东打算在1950年内完成的任务。5月13日，刚从苏联访问归来的金日成到了北京。他告诉毛泽东，斯大林支持统一朝鲜的战争。对金日成的话，毛泽东将信将疑。因为苏联已经同意支持中国解放台湾的军事准备，而且他在年初访问苏联时也没有听过斯大林有这个打算。直到苏联驻华大使罗申拿来了斯大林的电报，“由于国际形势发生了变化，同意朝鲜人着手重新统一的建议”。毛泽东才明白，他在这件事上实际上已成了局外人。事已至此，毛泽东也不便多说。他问金日成，如果美国人介入怎么办？金日成回答，“那几乎不可能”，斯大林已经告诉他，帝国主义不会干涉朝鲜事务。毛泽东提醒他，我们当不了帝国主义的家，也不是他们的参谋长，凡事还是要有个准备。金日成表示感谢后告辞。毛泽东心里明白，朝鲜内战一开，解放台湾的事就只能推迟了。

在支持中国解放台湾还是支持金日成统一朝鲜的问题上，斯大林一直顾虑重重。他主要担心美国的干涉。1949年年底，毛泽东访问苏联，要求订一个“又好看又好吃”的协议，好看就是要做给世界的人看，冠冕堂皇；好吃就是要有内容、有味道，实实在在。毛泽东希望在创建海军方面得到苏联的援助。并请求斯大林派空军志愿人员和秘密部队援助，以便尽快解放台湾。斯大林表示：提供援助不成问题，但援助形式必须考虑。主要问题是不给美国提供干涉的口实。中国海军干部可以在旅顺口培训，培训完毕后可以驾驶苏联舰船回中国。参谋部工作人员和军事教官，我们随时可以派。其他问题我们要考虑。1950年1月，在杜鲁门和艾奇逊公开声明朝鲜和台湾不在美国的防御圈内之后，斯大林最大的顾虑解除了。经过权衡利弊，他觉得支持北朝鲜统一朝鲜比支持中国解放台湾要划算得多。要拉住中国，就必须被迫放弃苏联在中国东北的权益。如果支持朝鲜统一，可以使苏联获得取代旅顺的、新的不冻港，也可对企图单独媾和的美国和日本保持威慑，同时统一朝鲜主要是地面作战，这与必须渡海作战的解放台湾相比把握要大得多。因此，在与毛泽东、周恩来协商《中苏友好同盟互助条约》具体条款的日子里，斯大林已悄悄给金日成发报，请他来谈统一问题。而这一切都未告知还在莫斯科的毛泽东。

朝鲜战争爆发后，斯大林对战争的估计十分乐观，他并不认为有必要采取适当行动阻止美国扩大干涉的企图。从 1 月 30 日起，苏联驻联合国代表马立克因抗议台湾国民党继续占据中国在联合国代表席位而拒绝出席安理会会议，使安理会乃至联合国都成了美国人的“一言堂”。6 月 26 日，斯大林否定了苏联外长要马立克参加安理会行使否决权的建议，而是指示他继续拒绝参加会议。7 月 1 日，斯大林指示苏联驻北朝鲜大使转告金日成，不要被美国人的介入吓坏，不要停止推进，苏联将迅速满足朝鲜关于供应弹药和其他军需要求，“我们认为必须坚决继续进攻，南朝鲜解放得越快，美国武装干涉的机会就越少”。

眼看美国代表正在鼓动联合国组成“联合国军”介入朝鲜战争，斯大林几乎无动于衷，丝毫不想派苏联代表返回安理会去行使否决权。对苏联的这种态度，美国人倒是十分担心，专门有人进行研究防范。而斯大林没有想到美国会如此之快地进入到朝鲜战争中来，对美国利用联合国对朝鲜内战干涉的严重性也估计不足。因为这毕竟是联合国成立后，遇到的第一件棘手事。

中国领导人对可能出现的复杂情况从一开始就有充分估计。周恩来约见苏联大使罗申时，告诉他：毛泽东在与北朝鲜领导人的几次谈话中，都谈到了美国干涉的可能性，可惜没有引起朝鲜同志的重视。毛泽东希望朝鲜同志能够加强他们在仁川地区的防御，因为美国人可能会在那里登陆，当然，这种登陆也可能发生在半岛的其他地方。考虑到种种可能情况，中国政府准备在中朝边境集中 9 个师的兵力，美国军队不过三八线则罢，一旦越过三八线，中国人民解放军便会以某种形式入朝协助人民军抗击美军。周恩来提出，就这个问题，中国政府希望能够听取斯大林同志的意见，同时希望苏联空军能够给这些部队提供空中掩护。

斯大林答复，“我们认为，在敌人越过三八线时，集中 9 个中国师在中朝边境以便入朝作战是正确的。”“我们将尽力为这些部队提供空中掩护。”

7 月 7 日，由于苏联代表团缺席，美国代表轻而易举地促使联合国安理会通过了组织“联合国军”的决议。当英国驻莫斯科大使根据英国政府指示委婉地向苏联提出，希望苏联施加影响，促使人民军退回三八线，以便和平解决朝鲜问题时，斯大林坚决拒绝了。斯大林的反应是，催促中国政府尽快在中朝边境部署 9 个师的部队。他在给毛泽东的电报中称：“我们不清楚，您是否已决定部署 9 个中国师在朝鲜边境。如果您已作出决定，我们准备给您派去一个歼击机师，部署 124 架喷气式歼击机，用于掩护这些部队。”

中国在 7 月 7 日和 10 日连续两次召集国防会议。会议通过了《关于保护东北边防的决定》，决定抽调作为国家战略预备队的第十三兵团以及所辖的第三十八、三十九、四十、四十二军组成东北边防军。授权空军司令刘亚楼对接收和改装训练苏联飞机、迅速组建中国空军提出具体方案。8 月底，人民军进攻釜山的作战严重受阻，毛泽东开始感到形势严峻，为此，他不得不一面提醒苏联，朝鲜统一战争将长期化；一面要求军委：为应付可能到来的战争，“现需集中 12 个军以便机动”。他同时两度会见北朝鲜代表，提醒他们美国多半需要在另一方向上实施登陆作战，北朝鲜必须有充分的预备力量，应付敌人可能在汉城地区和平壤地区采取的登陆行动。

而斯大林则寄希望于“最后五分钟的努力”。他在 8 月 28 日给金日成的电报中写道：“苏共中央祝贺金日成同志以及战友在伟大的朝鲜人民解放斗争中，在金日成同志领导下取得辉煌胜利，苏共中央毫不怀疑，外国干涉者将会很快被赶出朝鲜。”斯大林的鼓励使金日成倍感温暖，他复电，“我们被您的关注深深地打动，并对您的热情参与和忠告，向您，我亲爱的导师，表示感谢”。三天后，他下令实施釜山战役，对釜山之敌发动最猛烈的攻势，不惜一切代价把美国人赶下海去。

但是，美国人并没有被赶下海去，相反，他们从海上登上了陆地。9 月 15 日，麦克阿瑟在仁川登陆，战局急转直下。9 月 25 日，汉城陷落。美军开始大举北进，三八线以南的人民军主力面临被悉数围歼的严重威胁。苏联顾问报告，“主要由于美国空军的打击，人民军部队遭到巨大损失，损失了几乎所有坦克和大炮，正在进行困难的阻击，部队缺少弹药和燃料，几乎没有补充”，形势危急到了极点。带着斯大林撤退命令刚刚从莫斯科返回朝鲜的苏联武装部队副总参谋长、化名马特维耶夫的苏共特别代表团团长认定，事情到了这一步，必须立即向中国人请求帮助，至少应当请中国朋友派遣1500 名司机到朝鲜来帮助运送兵员和武器弹药。斯大林这时才意识到了朝鲜战局的严重性，开始焦虑不安。27 日，他召集苏共中央政治局会议。会上斯大林严厉批评朝鲜人民军各级指挥机关在指挥和战术方面发生的一系列严重错误，并强调苏联军事顾问必须对这些错误负直接责任，特别是拖延了撤退时间。鉴于战争已经无法进行下去，会议决定指示外交人民委员会责成苏联驻联合国大使马立克立即寻找机会与美国国务院代表接触，寻求和平解决朝鲜问题的办法，同时要苏联军事顾问全力组织北朝鲜军队撤退。

9 月 28 日，金日成召集朝鲜劳动党中央政治局紧急会议，与会领导人一致同意向苏联和中国请求直接的军事援助。

10 月 1 日凌晨 3 点，即斯大林接到金日成求援信十分钟后，就给苏联驻北京大使罗申发报，要求他尽快转告毛泽东。即使在这种情势下，斯大林仍不肯把全部情况都告诉中国领导人。他在电报中表示，由于他在远离莫斯科的地方度假，与朝鲜事件多少有些脱离。但是，他认为，从得到的情报看，“朝鲜同志的情况变得绝望”，“根据眼下的形势，你们如果认为能用部队给朝鲜人以帮助，那么至少应该将五六个师迅速推进至三八线，以便朝鲜同志能在你们的部队掩护下，在三八线以北组织后备力量。中国师可以以志愿者身份出现。当然仍然由中国的指挥员统率。”为了表现出他纯粹是为他人着想，丝毫没有强加于人的意思，他特地在电报结尾处强调：“关于此事，我没有也不打算透露给我们的朝鲜朋友，但我相信，他们得知这一消息时，无疑会感到高兴。”

10 月 1 日中午，斯大林的电报送到毛泽东手中。同时，朝鲜党和政府关于中国给予援助的请求也传到了北京。毛泽东召集书记处领导人周恩来、朱德和刘少奇召开紧急会议商讨对策。除毛泽东外，其他与会者都对迅速出兵感到没多大把握。但是，毛泽东仍然相信，出兵比不出兵好。当夜毛泽东起草两封电报，一封给高岗和邓华，命令东北边防军提前结束准备工作，随时待命出征；另一封给斯大林，明确表态：中国决定用支援军名义派出一部分军队到朝鲜境内作战，中国军队能否打败美国军队，则取决于苏联援助装备的情况。要求苏联迅速提供武器装备。但他表示并不准备拖延出兵。在第二天举行的中央政治局扩大会议上，毛泽东吃惊地发现，几乎所有领导人都对现在出兵朝鲜持怀疑和反对态度。而更重要的是，军队领导人几乎一致对与美军作战表示没有把握。时任代理总参谋长聂荣臻后来回忆，当时大家在会上发言的基本倾向是，“不到万不得已的时候，最好不打这一仗”。显然，原拟的给斯大林的电报已不能发了。考虑到必须给斯大林一个答复，毛泽东在 10 月 3 日约见苏联大使罗申，口述了一份电报：“我们原先曾计划当敌人向三八线以北推进时派几个师的志愿军到北朝鲜帮助朝鲜同志，但是经过全面考虑之后，我们现在认为采取这种行动可能会招致极其严重的后果。当然，我们不派兵援助，对于当前处于此种困难境地的朝鲜同志是很不利的，我们自己也深深地感到难过；如果我们派出几个师，而敌人会迫使我们后退；由此又引起中美之间的公开冲突，而我们的整个和平建设计划将完全被打断，国内许多人会对此不满（战争给人民带来的创伤尚未医治好，需要和平）。因此，现在最好是忍耐，不出兵，积极积蓄力量，与敌人发生战争时这样做更为有利。我们正在召集中央会议，各中央局负责同志将出席会议。关于这个问题尚未作出最后决定，这是我们的初步电报，我们希望与您商量。如果您同意，我们准备派周恩来同志和林彪同志乘飞机去您的休养地，同您讨论这个问题，并报告中国和朝鲜的形势。”毛泽东的答复让罗申大使感到意外。他在毛泽东电文后面向斯大林报告说：“毛泽东的复电表明，中国领导改变了在朝鲜问题上先前的立场。这与毛泽东同尤金、克斯托夫、康诺夫，以及刘少奇同我的多次谈话中表示过的态度是矛盾的。”

在接到毛泽东的电报后，10 月 5 日，苏共中央政治局讨论了一天。苏共中央政治局委员们确信，即使是放弃北朝鲜，也必须不惜一切代价避免苏联与美国发生冲突，但放弃北朝鲜，对苏联在远东利益无疑是难以弥补的重大损失。所以，应鼓动中国挽救北朝鲜。当天，斯大林致电毛泽东说：“美国目前不准备打大仗，日本也没有能力援助美国，因此，如果中国参战，美国只好放弃占领朝鲜的计划。如果只是消极等待，不能令人信服地显示中国的力量，中国不仅得不到这些让步，而且也别指望美国会在台湾问题上作出让步。”至于苏联是否会被拖入战争的问题，他鼓动说，既然中苏之间签订了互助同盟条约，如果美国对中国宣战，苏联当然会被拖入战争。但是“这需要害怕吗？在我看来，我们不需要惧怕。因为我们联合起来要比美国和英国更强大，而其他欧洲资本主义国家没有德国（目前它不可能给美国提供任何帮助）就不是什么重要的军事力量。如果战争不可避免，那就让它现在就来吧”！

毛泽东在持续召开的中央政治局扩大会议上对不愿出兵的同志说，你们说的都有道理，但是别人处于国家危急时刻，我们站在旁边看，不论怎么说，心里也难过。彭德怀赞同毛泽东的意见。他说，如让美军摆在鸭绿江岸和台湾，它要发动侵略战争，随时都可以找到借口。如果让美国占领朝鲜半岛，将来的问题更复杂，所以晚打不如早打。如果苏联援助得多一些、快一些，我们的装备改善得好一些，这仗不是不能打。彭德怀的回答，让毛泽东感到很满意。10 月 5 日中共中央决定，成立志愿军，由彭德怀担任志愿军的司令兼政委。同时派遣周恩来、林彪到苏联，协商有关装备问题。7 日，毛泽东请苏联大使转告斯大林，他同意斯大林来电的基本观点，初步决定出兵朝鲜，但不是 6 个师，而是 9 个师，不是马上派出，而是要经过一段时间。他请斯大林接待他的代表周恩来和林彪，同他们详细商谈。

10 月 7 日，美国操纵联合国通过“统一”朝鲜的决议。对此，中国中央政治局在 24 小时后终于作出了反应：10 月 8 日，毛泽东以中国人民革命军事委员会主席的名义签署命令，下令：“着将东北边防军改为中国人民志愿军，迅即向朝鲜境内出动”。

今天看来，导致中国出兵朝鲜的许多原因中，最重要的因素就是美国对中国采取的敌意行动。朝鲜内战爆发后第二天，杜鲁门即派第7舰队封锁台湾海峡，如此明目张胆地侵犯中国主权，当然使中国无法置身事外。就像中国代表伍修权在联合国安理会上的发言所说的那样，“能不能设想，因为西班牙内战，意大利就有权占领法国的科西嘉？因为墨西哥内战，英国就有权利占领美国的佛罗里达？这是毫无道理的，不能设想的”。特别是仁川登陆后，美军越过三八线，美军飞机多次轰炸中国边境。这使中国切实感到了战争的威胁。美国著名学者邹谠说，“且不论苏联在北京发动对台湾的预定进攻之前就攻击南朝鲜是作了一些什么样的盘算，在朝鲜的入侵导致了台湾海峡的中立化。这就进一步激起了北京对美国的敌意。……它不能不影响北京的决定。它不能不使莫斯科劝说北京干涉，与劝说北京把美军逐出朝鲜的工作相比更轻松些，如果需要劝说的话。”“就这样，在1950年年末，政府对华政策的整个大厦变成了瓦砾堆。……它曾劝阻北京不要干涉朝鲜；但是，联合参谋长们所同意的、艾奇逊也犹犹豫豫地同意的麦克阿瑟越过三八线的挺进却把北京拉入了战争。”另一位美国著名学者艾伦·惠廷说得更实在：中国出兵朝鲜“并不是对外扩张，而是一种真正的对国家安全的危机感”。

在看到毛泽东同意出兵的电报后，斯大林给金日成发报对中国出兵的原因作了分析，中国准备派几个军支援朝鲜，“同时我认为，中国同志之所以准备出兵，是因为中国关心防止把朝鲜变成美国和未来军国主义日本反对中国的跳板”。斯大林还提出几个“国际性考虑”：美国目前尚未准备好进行大规模战争；日本军国主义尚未复活，无力给予美国人军事援助；美国在朝鲜问题上将被迫接受解决朝鲜问题的以下条件，即对朝鲜有利的条件和不使敌人把朝鲜变为自己跳板的条件；由于同样的原因，美国将被迫不仅放弃台湾，而且将放弃与日本反动派单独媾和，放弃恢复日本军国主义，放弃把日本变成自己在远东的跳板。“而且我也是从下述情况出发，中国依靠消极等待不会得到这些让步，不进行严重斗争，不重新威严地显示自己的力量，中国不但得不到所有这些让步，而且甚至得不到台湾，美国人把台湾作为跳板控制在自己手里，不是为了蒋介石，蒋介石没有胜利的希望，而是为了自己，或者为了明天的军国主义日本。……当然，我还考虑到，尽管美国自己还没有准备好进行大规模战争，但是为了维护自己的威信仍可能卷入大规模战争，因而会把中国拖入战争，同时与中国签订的互助条约的苏联也会卷入战争。这可怕不可怕？我认为这并不可怕。”斯大林要求苏联驻朝鲜大使把电报念给金日成听，允许他作记录，但不能把原件交给他，因为它具有“特殊保密性”。

斯大林对美国与日本单独媾和十分警惕，这也是他支持金日成统一朝鲜的重要原因。但斯大林在处理朝鲜问题上力求做到八面玲珑、左右逢源，强人所难又力图不留把柄，今天，当这些电报都公布时，他在朝鲜战争中所起的作用已一目了然。

也许斯大林过于瞻前顾后了，在中国同意出兵朝鲜后，斯大林又突然改口：苏联空军未做好准备，暂时不能出动。其原因很可能是美空军于10月8日带有警告性地“误炸”符拉迪沃斯托克基地，使斯大林担心会卷入与美军的直接对抗。心中不怅的毛泽东当即派周恩来赶往莫斯科，向斯大林当面表态：苏联能够迅速提供中方出兵需要的装备，特别是提供空中掩护，就出兵；否则就不出兵。斯大林在与周恩来会谈中一面肯定愿意提供16个志愿空军团进行空中掩护，一面又对立即出动空军表示困难，声明至少有两个月到两个半月时间才有可能给予掩护。斯大林明确告诉周恩来与林彪，在目前的局势下没有别的办法，或者你们出兵把美国人顶回去，或者你们让金日成的人撤到你们的东北去建立流亡政府。

在无法得到苏联提供空中掩护的明确承诺之前，周恩来倾向于采取不出兵方案，并向北京报告。

毛泽东接电后，即下令暂停执行有关部队出动的计划，电召高岗和彭德怀来京会商。13日，高岗和彭德怀赶到北京，他们虽然对苏联暂时不能给予空军支援感到意外和不满，但对让金日成到东北来建立流亡政府，把美国人放到鸭绿江边上来的前景，同样深感不安。

同一天，中共中央政治局再次讨论志愿军入朝作战问题。讨论的结果是，一致认为我军还是出兵朝鲜有利。毛泽东将讨论结果于当日通报周恩来：

一、与政治局同志商量结果，一致认为我军还是出动到朝鲜为有利。在第一时期可以专打伪军，我军对付伪军是有把握的，可以在元山、平壤线以北大块山区打开朝鲜的根据地，可以振奋朝鲜人民。在第一时期，只要能歼灭几个伪军的师团，朝鲜局势即可起一个对我们有利的变化。

二、我们采取上述积极政策，对中国，对朝鲜，对东方，对世界都极为有利；而我们不出兵，让敌人压至鸭绿江边，国内、国际反动气焰增高，则对各方都不利，首先是对东北更不利，整个东北边防军将被吸住，南满电力将被控制。总之，我们认为应当参战，必须参战，参战利益极大，不参战损害极大。

聂荣臻在回忆录中说，“对于打和不打的问题，毛泽东同志也是左思右想，想了很久。毛泽东同志对这件事确实是思之再三，煞费心血的，最后才下了决心。”13 日，苏联大使将毛泽东的决定报告给斯大林，尽管斯大林对此将信将疑，但他还是立即把这个好消息告诉了金日成，要金日成暂缓执行昨天要他北撤的电报。14 日，斯大林得到了周恩来的正式通报。这回心里一块石头落了地。几年后，当时在场的陈毅回忆说，斯大林被感动得掉下了眼泪。

10 月 14 日，斯大林给金日成发报。“中国同志经过犹豫和作出了一些临时性决定之后，终于作出了派兵援助朝鲜的最后决定。我很高兴看到终于作出了最后的、有利于朝鲜的决定。有鉴于此，您所知道的中苏领导同志会晤时提出的建议，必须撤销。有关中国出兵的具体问题，您必须与中国同志共同商定。中国军队所需技术装备由苏联供应。”

整整半个月时间，在出兵与不出兵的问题上来回摇摆，足可以看出中国领导人一直是不希望介入朝鲜战争的，中国最后参战完全是被逼上梁山。迫使毛泽东作出这一决定的是年轻气盛的金日成、接受了冷战意识的杜鲁门和老谋深算的斯大林……而作出这一决定的最终考量，则基于中国领导人对国家利益的全面权衡。

停止摇摆之后，决策和行动便开始变得坚定。10 月 18 日，毛泽东召集中央会议再度研究出兵问题，当日下定最后决心：入朝部队于次日出动。

第一次战役 (1950 年 10 月 25 日-11 月 5 日)

彭德怀入朝第一天即遇险

当彭德怀 10 月 4 日下午乘专机飞临北京时，他文件包里装的是西北经济建设规划，脑子里想的是如何建设大西北。4 天后，他已是中国人民志愿军司令员兼政委。15 天后，彭德怀这位中国人称之为“抗美援朝战争”的真正主角抵达朝鲜。

这是一个充满偶然因素的必然结果。原被指定领兵出战的林彪，托词有病，不肯再上前线。支持毛泽东出兵朝鲜的彭德怀只好临危受命。作为打了 22 年仗的老将，彭德怀与林彪一样深知与美国人打的这一仗会很凶险。由于他生性耿介而无私无畏，率领中国军队“抗美援朝”的历史使命就落到了彭德怀的肩上。在 1950 年，正是这种个性使彭德怀敢与强敌叫板并扭转战局而获得了世界性的军事荣誉，在人类战争史上给中国军人留下了堪称辉煌的一笔。

10 月 19 日傍晚，当彭德怀的汽车开进朝鲜的时候，金日成刚放弃了平壤。麦克阿瑟命“联合国军”以师、团甚至营为单位迅速向北穿插进攻。北朝鲜军队主力还在三八线以南，北部仅有 3 个师，且分布在各地，已无法建立起一条防线。一部分英军与北朝鲜军遭遇，双方互以为是南朝鲜军队和苏联军队，在欢呼会师之后发现不对，又开起火来。战局一片混乱。

所有公路上都挤满北撤的人群。彭德怀对其军事秘书杨凤安说，“我带兵打仗几十年，还没有遇到像今天这样既不明敌情，又不明友情和地形的被动情况”。幸好在这之前，还未入朝的彭德怀已命邓华、洪学智通知入朝各军要做好打遭遇战的准备。出色的将领总能在最扑朔迷离的战场上把握胜负的关键。当晚，中国人民志愿军第三十九、四十、四十二军分三路秘密渡过鸭绿江，三十八军作为二梯队尾随四十二军开进。彭德怀规定，军、师的电台不许开机，封锁消息，严密伪装，夜行昼宿，隐蔽地向指定作战地区开进。后来的战况证明，在敌我对进的罕见局面下，而敌又占有完全的制空权，正是这些规定保证了战役发起的突然性。

彭德怀在东仓北镇间的一个叫大洞的小村庄见到了金日成。1968 年，彭德怀在被监禁时回忆当年的情景，“我与金日成会谈时，问了当前敌情，金答：‘还在德川附近，离此约 200 里。’其实敌军异常骄横，如入无人之境。当时敌先头部队由德川经熙川窜到了我与金会谈的大洞东北方向的桧木洞，已绕到我们住的大洞后边去了。我志愿军刚过江不远，即与该敌遭遇，我与金日成幸免被俘”。因为赶路，志愿军总部的电台车掉了队。而金日成也没有带电台。彭德怀身边只有一个参谋、一个司机和两名警卫，既无法与中央联系，也无法指挥部队，成了“光杆司令”。电台车赶到大洞时已是 21 日下午，彭德怀根据敌情的变化，决心修正原来在平壤—元山一带建立防线的作战计划，改为在运动中歼灭冒进之敌。他提出：“目前应迅速控制妙香山、杏川洞线及以南构筑工事，保证熙川枢纽，隔离东西敌人联络，异常重要。我们确实控制熙川、长津两要点，主力即可自由调动，集中绝对优势兵力打击东面或西面之一路。”毛泽东回电同意彭德怀的意见，说“敌进甚速，请照彭电立即用汽车运一部分兵力去占领妙香山、杏川洞，先运几个营去也好”。“此役是歼灭敌伪军三几个师，争取出国第一个胜仗，开始转变朝鲜战局的极好机会，望彭、邓精心计划实施之。”

在整个抗美援朝战争中，毛泽东始终关切战局变化，时常提出自己对战况的看法，甚至直接下达具体指令。对毛泽东的指示彭德怀心领神会，毕竟是并肩作战 20 多年的统帅与战将。从“是否出兵”的几番反复，彭德怀对抗美援朝战争的国际政治背景有了真切了解。因此，在采取军事行动前，尽可能请示中央，注意按大局需要组织军事行动，使大脑的所有运行，都在它的神经末梢上反映出来。

彭德怀第一仗的打法并不复杂，放突进的南朝鲜第 6 师、第 8 师到预设阵地，集中主力伺机于运动中围歼之。这种战法从红军反“围剿”时就屡试不爽，对付骄兵最为有效。10 月 24 日，麦克阿瑟下达“总追击令”，命令“各级指挥官，全力以赴向鸭绿江突进”。各部都以最先到达鸭绿江为荣，纷纷加快了进军的速度。

如此一来，这两位统帅率领的大军不可避免地提前遭遇了。

也许比较一下彭德怀和麦克阿瑟这两位即将成为对手的统帅是很有趣的事。从外表上看，麦克阿瑟风流倜傥，曾被誉为西点军校有史以来最帅的学员，彭德怀刚好相反，像个头顶高粱花的老农；麦克阿瑟喜欢表演，为了留下他涉水登陆的历史画面，可以不厌其烦地按记者的要求来回走上许多次，彭德怀厌恶照相，曾对在战场上给他拍照的记者大发雷霆。要说两位统帅迥然不同也不尽然，两人也有作为军人的共同点，那就是都有涉险的嗜好：麦克阿瑟曾在没有战斗机掩护的情况下乘专机到鸭绿江边侦察，并因此获得了美国空军颁发的英勇奖章；彭德怀则指挥过警卫连伏击敌坦克支队，还乘浮冰排渡过大同江。此外，两人最大的共同点就是都喜欢抗上，不过麦克阿瑟更多的是干预国家政治领导者的政治决策，试图在西太平洋地区扮演美国的“亚洲总督”角色；而彭德怀则是在军事上敢说真话，勇于任事。这是因为麦克阿瑟把战争更多地看成是成就个人军事声誉的途径，而彭德怀信奉“兵者国之大事”的格言。在第三次战役后，苏联大使和北朝鲜人为让彭德怀下令追击，通过给斯大林、毛泽东发电报告状来施加压力，彭德怀回答，错了我负责，杀我的头。战争一旦结束，两位统帅的区别便充分显露了出来：从朝鲜战场归国后，编写战史的人员征求彭德怀的意见，彭只说了一句：不许写我。而一个英国的战史研究者写了一本关于登陆作战的书，按照要求向基金会指定的有关专家征询意见时，一位专家回信说，由于你漏掉了登陆作战中最出色的仁川战役，这本书便毫无价值。后来他得知，这位专家便是麦克阿瑟。从历史上看，个性鲜明且战功卓著的将领都很难善终，个中缘由至今仍像个谜，彭、麦二氏也未能避开这一厄运。1951年，与彭德怀交手半年后，麦克阿瑟被杜鲁门总统突然解职。历史对彭、麦二人的评价便绝不会相同，《美国现代陆军史》对麦氏作了如下评价："麦克阿瑟是一个极端以自我为中心的人，在陆军里，他不仅以才华横溢蜚声内外，其独来独往的个人意志也广为人知"。这正是他最终从顶点跌落的原因。50年之后再看，除了已有的褒贬，麦氏已不会获得别的评价，而彭氏却在中国历史上留下了一言难尽的悲剧式的光荣。也许这两位统帅之间最大的区别就是虚荣和朴实。这两个人的个性几乎就是两支军队的特点。美国人的战争充满了虚荣和骄矜，而中国人的战争则毫不造作，充满泥土气息。

邓岳师长布下"口袋阵"

一一八师师长邓岳见到彭德怀时大吃一惊。作为第一批入朝部队，连续几天行军后，竟然在前线见到战区统帅，而其身边只有几个人。20年后任沈阳军区副司令员的邓岳回忆说，抵达大榆洞山口时，他听到东南温井方向有炮声，知道离敌人已经很近了。他随前卫团行动，准备随时与敌打遭遇战，不想竟与彭总遭遇了。"敌人是乘坦克和汽车进攻，速度很快。大洞距温井只有几十千米，彭总的处境真是危险。"

根据彭德怀的指示，一一八师在温井以北两水洞地区设伏。10月25日10时，南朝鲜军第6师先头部队一个营和一个炮兵中队进入了邓岳师长布下的"口袋阵"，一一八师采取"拦头、截尾、斩腰"的战法，经2小时战斗全歼该敌。此战被视为抗美援朝的第一仗。而10月25日则被定为中国人民志愿军抗美援朝、保家卫国纪念日。

同一天，彭德怀按中共中央指示，将十三兵团司令部、政治部改组为志愿军总部，彭任司令兼政委，邓华为副司令兼副政委，洪学智、韩先楚任副司令，解方为参谋长，杜平为政治部主任。

当夜，彭德怀根据一一八师和一二〇师与敌营规模部队遭遇的情况，给毛泽东发报："敌以坦克数辆和汽车十数辆组成一（个）支队到处乱窜，我企图一仗聚歼两三个师甚为困难，亦再难保守秘密。故决定以军和师分途歼灭敌之一个团和两个团（今晚已开始），求得在第一战役的数个战斗中歼灭敌一两个师，停止敌乱窜，稳定人心"。毛泽东复电：同意"分途歼敌"的方针。

志愿军各军、师按此意图重新作了部署。

厄运当头的沃克将军

美第 8 集团军司令沃克中将是员 61 岁的老将。1912 年毕业于西点军校，在巴顿手下当过军长，是个坦克战专家。在法国作战时，喜欢携带一支 4.5 毫米口径的自动步枪和一支连发手枪，坐着吉普车在战场上到处跑，他在欧洲战场被视为"攻势权威"，还因作战勇猛获得了"虎头狗"的绰号。美国陆军把 M-41 轻型坦克叫作"沃克虎头狗"，算是对他的褒奖。也许是因为他 20 世纪 30 年代在中国服过役，1948 年调任驻远东第 8 集团军司令。

自 7 月以来，沃克在朝鲜作战中又获得了"守势权威"的美名。在洛东江—釜山战中，他下达了"或坚守，或死亡"的命令。这件事被美国报纸报道后，在国会中引起了争议，有国会议员认为，沃克将军的命令"无视人权"。直到麦克阿瑟站出来说，"军队里没有民主主义"，才勉强平息了争论。

在过三八线之前，率领"铁砧"部队的沃克将军委婉地问麦克阿瑟："同仁川登陆的部队的会合只是时间问题了。我想了解一下第 10 军的现状和总司令部将来的计划。"东京毫不费力地猜透了沃克将军希望统一指挥驻朝部队的打算，很干脆地回绝，“如已通知你的那样，第10军预定由总司令部直辖，负责京仁地区的警备”。其实，麦克阿瑟已经把由自己的参谋长阿尔蒙特统辖的第10军当作“御林军”，在北进计划中他对第10军有一个更漂亮的安排：在元山登陆。许多人都觉得这一既分散兵力又分割指挥的计划不妥，但参谋长联席会议因反对仁川登陆刚刚丢过脸，这次便觉得不好意思再说什么。第8集团军的参谋人员制订了一个统一指挥的北进计划，报告给东京总司令部后，竟被一口否决。当集团军作战部部长再次请沃克将军裁决时，沃克回答：我同意你们的计划。但既然东京已经有了答复，就不要再说什么了。正是麦克阿瑟的这个分兵计划，埋下了一个月后“联合国军”大溃败的种子。

10月25日，后来被人称作“命运之日”。在那天之前，对西方而言，战局发展顺利。准确点说，是在那一天上午之前。凌晨，在平壤参加庆祝仪式的沃克将军回答记者采访时说：“现在一切进展顺利。”

很快，不顺利的消息就传来了。

在云山、温井、长津湖入口三处地方，发现中国军队。

中国人真的参战了？

这在当时看来是个难以置信的消息，所以北进计划仍在继续执行。

28日，沃克下令起用在平壤守备的第1骑兵师向北增援，而那时第1骑兵师的官兵正打算凯旋回东京。到29日，第8集团军的右翼南朝鲜第2军已经开始后撤。沃克决定右翼采取守势，而在左翼保持攻势。这一部署与同样采取右守左攻的中国军队形成了以云山为轴心的“走马灯”局面。尽管美方当时判断中国军队大约只有2个团的兵力参战，沃克还是感到有些不安。他亲自给美第1军军长米尔伯恩打电话，提醒他要让美24师与云山战况相适应，不要太突出了。11月1日，第8集团军右翼的南朝鲜第2军被中国军队打垮。中午，沃克将军给米尔伯恩军长下令：“韩国军队已完全垮了，没有部队可以指望作为战斗力使用。你只能自己掩护自己的侧后。”同时他命远在汉城的美第2师立即北上增援。下午，米尔伯恩军长报告云山一带发现许多中国军队。20时，沃克将军下令，各部向清川江后退并转为守势。

这是自洛东江追击以来美军部队第一次接到后退和防御的命令。在通向最后胜利的进军中，下达一个主动撤退的命令，比投入进攻需要更大的勇气。这是对指挥官意志的绝大考验。靠着沃克将军的果断决心，他的部队躲过了彭德怀为他们布设的第一个陷阱，尽管付出了死亡 1.5 万人的代价，但总算避免了灭顶之灾。

只是，沃克将军的厄运才刚刚开始。

威洛比少将断定“山那边的敌人不会介入战争”

中国人为何出兵朝鲜，直到今天对美国人仍是一个难以理解的“东方之谜”。

当年，困扰美国政府官员和将军的难题是“中国会不会介入”。杜鲁门在对朝鲜事务作决策的时候，感到最重要又最拿不准的就是这个问题。为此，他在飞了 4000 多千米到威克岛与麦克阿瑟见面时，特意向这个在亚洲生活了几十年、自诩同时也被美国人公认的“东方专家”询问：“中国人会不会出兵？”麦克阿瑟非常有把握地回答，绝对不会。显然，此时的他并非像他后来在回忆录中所说，对中国和俄国的介入都看得一目了然。他分析说，中国出兵的时机是在美军被困在釜山或是在仁川登陆的时候，现在他们怎么会引火烧身？在没有空军掩护的情况下与美军作战，那会成为战争史上最大的屠杀，没有一个清醒的司令官会在这时与美军作战。

到后来，这个问题成了由谁来承担朝鲜战争失败责任的关键时，麦克阿瑟否认曾经说过这类话，他进一步辩解，即便说过，也是从军事角度而言。跟随总统的国务院官员，拿出会谈时躲在门后的速记小姐的原始记录来证明麦克阿瑟的确讲过类似的话。麦克阿瑟固然难辞其咎，杜鲁门也有不可推卸的责任。因为总统作政治决断时不应只听将军的话。显然，“中国会否出兵”不只是个军事问题，而是个重要的政治判断。对这一点，麦克阿瑟的情报部部长威洛比少将在当时虽然已经很清醒地意识到了，但唯麦帅马首是瞻的习惯使他很快就从心里否定了这份清醒。

10 月 14 日，也就是麦克阿瑟去威克岛见杜鲁门的前一天或是中国出兵的前 5 天，威洛比召集参谋会议，分析中国出兵的可能性。一份名为“情报部部长威洛比少将在参谋会议上发表的正式见解”的记录稿，记载了他当时对这个问题的看法：

> 中国在东北集中了 9 个军——38 个师。
>
> 苏联不会直接介入。因为在经济上是不利的。如果有介入的必要，可能让中国军队介入。
>
> 我们的情报机关已集中一切力量注意难以捉摸的林彪和鸭绿江，但是无法获得可靠的资料。
>
> 中国领导人发表的“如果美军越过三八线就介入”的声明，是威吓、外交恐吓、策略之类，是试图阻止美军北进。
>
> 然而，如果中国的声明表示的是它的真实意图，那就是克里姆林宫和北京定下的战争决心，所以在我远东军能够收集到的情报范围中，属于不能判断其真伪的高级情报的性质。

作为麦克阿瑟的情报部长，威洛比也是前者的崇拜者。这位情报部部长坚信，这一次对中国人的判断仍然是麦克阿瑟而不是其他人的判断更正确。对所有的情报，威洛比都放在了这个取景框下进行观察。他在情报记录中写下，“在这个时期，中国军队不会大规模介入”。迷信产生的盲从取代了威洛比最初的清醒。他要用情报证明，麦克阿瑟的判断从来都不会错。

在“命运之日”的混战中，南朝鲜 1 师捕获了一名服装不常见、语言又不通的俘虏。这个后来被命名为“第 1 号”的中国兵说出了让他们大吃一惊的情报，在云山西北的山里埋伏有 1 万人的中国军队。尽管他级别很低，说出的情况值得怀疑，但因事关重大，师里还是向上级作了报告。26 日，送到集团军部的俘虏 2、3、4 号，说自己属于第 54、55、56 部队，“各部队从三十八、三十九、四十军各抽 3000 人组成，总共渡江有 9000 人”。（现在看来这像是精心策划的假情报。可在当时，这被认为是中国参战部队虽然有许多叫师或军，但实际上是团以下的小部队的证明。“兵不厌诈”，战争总是充满欺骗，战时的人们奉行着与和平时的人们不同的另一套伦理规则。）

10 月 28 日，威洛比将军在给华盛顿的报告中说：

> 应该认识到，大部分中共军队都没有与一个主要军事强国进行实际战斗的有效经验。此外，他们的训练也像原来的北朝鲜军队一样，由于缺乏统一的装备和弹药供应而大受阻碍。
>
> 从战术的角度看，大获全胜的美国军队已经全面展开，这标志着武装干涉的最佳时机早已过去了；如果有计划采取此种行动，很难设想，会推迟到残余的北朝鲜军队已处于战斗力极低的状态时，才付诸实施。

这种由己及人的推理方式在战争中一向有害无益。

在 10 月 31 日的情报记录中，威洛比记录了第 8 集团军抓获俘虏的口供和南朝鲜第 2 军已被歼灭的情况，他写道，“战争由于中国人的介入趋于严重化了”，但结论却又是“没有中国军队入朝的确凿证据”，真是矛盾得可以。

到 11 月 2 日，威洛比承认，从前线的情况看，中国人的干涉不是对实战效果有没有用的理论问题，而是“一种近在眼前的严重威胁”。但他补充说，“到目前为止，迹象表明参战的仅是零星部队，从表面上看，目的有限”。

11 月 3 日，五角大楼向麦克阿瑟发来急电：怀疑中国军队正式参战，已成为华盛顿关心的重大问题。想听取您的意见。麦克阿瑟回电，目前下结论还太早。五角大楼又质问，如何看待北京广播的关于抗美援朝的声明？威洛比回答，“我们认为，那个声明充满豪言壮语，只不过是中国的骄傲自大。”

11 月初，美第 10 军参谋长认为情报部门过低地估计了中国军队的介入程度，“至少有几个师的番号了”。威洛比解释说，“的确有许多师的番号，但不是全师过来了，而只是来了一部分”。他甚至还用太平洋战争时日本关东军各抽调一部援助守岛部队的战例来证明这一点。

其后的几天，情报部门根据激烈的战况作出分析：现在交战中的中国军队编为 4 个军 8 个师，其兵力达 51600 人。包括与一线部队换班的 2 个师，加上尚未与第 10 军接触的 2 个师，一共是 12 个师，76800 人。尽管这一结论仍大大低估了志愿军的参战兵力，但也算最大胆的估计了。对此，威洛比将信将疑。他需要新的情报来推翻它。彭德怀提供了他所需的一切例证。

从 11 月 5 日起，中国军队停止了进攻，并开始后撤。在大量空中侦察后，威洛比得出新的结论，中国军队只是以营规模的部队介入了战争。

在第一线与中国军队交过手的美军将领对此看法感到难以置信。他们责问：“在云山周围已证实的中国师是 3 个，按您的估计其实际兵力是 3 个营。如果是这样，那么第 8 骑兵团为什么会败得那样惨？”威洛比解释，“因为该团缺乏警惕。为少数敌人果敢的奇袭所压倒，在暗夜中陷入了溃败。而我们的侦察，不论是电子侦听还是飞机巡视，都没有发现有大兵团活动的迹象。”

惠灵顿说过，“在山后边的敌人企图干什么，我们并不知道。所以，高明的统帅，在于他有看穿山背面的能力”。美国人喜欢用技术去了解“山那边的敌人在干什么”，就像当年尼米兹通过破译密码知道山本五十六要打中途岛一样，直到 20 世纪 90 年代，曾任美国防部部长并参与过海湾战争的佩里也觉得当代技术已彻底解决了这个问题。实际上，技术只能提供先进的手段，但不能提供正确的结论，特别是在洞察人心上。

也许还是旁观者清。比兰德公司没有卖出的“中国将出兵朝鲜”的报告更进一步的是美国国务院的中国事务科科长柯乐布的估计。他在 7 月到 10 月间，三次递上警告性的备忘录，作为在中国当过总领事的老“中国通”，柯乐布明确地说，“认为中国共产党人的政策将是消极的想法可以断然排除”，如果美军越过三八线，就不能指望中国人会置身于战争之外。他在 11 月 1 日的备忘录中再次提醒政府，中国参战已是事实，中国不可能只派小规模部队来抵抗美军。其目的也不是“保卫水丰电力站”，而是要“恢复到 6 月 25

日的状态”。可惜，有洞察力的见解往往并不出自军事专家，因而当它们被注意到的时候通常已经太晚了（几个月后，在麦卡锡领导的美国式的“文化大革命”中，柯乐布被麦卡锡认定为“危险人物”清理出国务院）。

对“中国会否出兵”的争执，简直就像一部浓缩的人类认识史：其中有经验主义的错误，也有主观主义的臆断；不断发明的新技术对感官的延长而增强了认知的灵敏度，而永恒的“测不准定理”也在不断展示技术手段的无奈；一连串“试误”在接近真理的过程中贻误了战机，每一次天才“顿悟”都因难以找到说服人的论据，而被湮灭在政治程序和等级体制之中；再加上文化上的隔膜等等。不要说当时的美国人，就是今天的中国人也未必能说清在 1950 年我们为什么一定会出兵朝鲜。历史的必然由许多偶然性组成，而战争永远充满迷雾。（1999 年，兰德公司在分析中国大陆对台湾动武可能性的时候得出结论：中国人使用武力的考虑主要从大战略角度出发，往往不计一时利害。但当时，与这个正确的判断间还横亘着几十年光阴和几场尚未发生的冲突与战争，1950 年，中国对美国军人和政治分析家来说，还是一个谜。）

威洛比的情报判断一错再错非常具有典型性，一点也不足为奇。

一枚凝固汽油弹击中了毛岸英

彭德怀一声令下，几十万志愿军与美李军脱离接触。在回撤路上，中国军队有意丢下了许多被装，一副“仓皇北窜”的景象。同时，还释放了 100 多名俘虏，他们被告知志愿军供应困难，要回国了。接着大军就像蒸发了一样，消失在北朝鲜白雪皑皑的山里。显然，这是在“有意示弱、诱敌深入”，彭德怀采用中国最古老的兵法，来对付最现代化的美国军队。

直到这时，美国人包括威洛比少将才终于确信，中国人的确大规模跨过了鸭绿江。

对此，麦克阿瑟唯一的办法是用飞机狂轰滥炸。他命令第5航空队司令斯特拉特迈耶将军动用远东空军的全部力量，狠狠打击没有制空权的敌人，他说，“如果情况需要，作战飞机的飞行人员可以飞到油干力竭的时刻。”麦克阿瑟还要求对鸭绿江上的各国际桥梁进行轰炸，对这个指令斯特拉特迈耶将军专门向五角大楼作了报告，在得到杜鲁门批准后，美国空军开始对中朝边境地区的桥梁和交通线展开猛烈攻击。

刚刚踏入现代战争门槛的中国军队，对美国空军的轰炸有一种“初生牛犊”的劲头。最初，在敌机轰炸时彭德怀也毫不躲避，他对身边人员说，“谁怕死，就去躲飞机”。也许他还是依照对国民党军队的看法，去看待美国空军的轰炸。惨痛的教训很快就来了。

11月25日拂晓，在听到防空警报后，洪学智以休息下棋的名义，硬拉着彭德怀到山洞躲避。几分钟后，一组B-26轰炸机轰炸了设在大榆洞的志愿军总部。有几颗炸弹命中了彭德怀住的独立屋。离独立屋不远处，在办公室的毛岸英，不幸未能躲过凝固汽油弹的袭击。

毛岸英是毛泽东亲自交给彭德怀的。参加志愿军前，他在北京机器总厂任党总支副书记。此前还当过农民，搞过土改。在苏联留学时，他上的是列宁军政学校和伏龙芝军事学院，毕业后获坦克中尉军衔，参加过苏军向欧洲的大反攻。回国前，斯大林在接见他时，送给他一把手枪。这既是对他参加苏联卫国战争的奖赏，更含有对这个前途无量的年轻人的期许。据一位志愿军总部的老战士回忆，总部里没有什么人知道这个俄文翻译是毛泽东的儿子，但总觉得他有些与众不同。在一次军事会议上，彭德怀对一群军长们大发雷霆，让这些高级将领噤若寒蝉。只有毛岸英敢站起来发表自己的意见。然而，一颗美国凝固汽油弹终结了这个年轻的生命。

实际上，朝鲜战争对中美两个国家之间的关系及各自国家内部的政局都产生了巨大而深远的影响。中美两国是反日本法西斯战争中的同盟国；史迪威将军对八路军深怀好感并因此得罪了蒋介石；谢伟思等美军观察组成员与中共领导人关系密切；毛泽东的外国朋友几乎都是美国人；到国共内战后期，美国当局已放弃了支持蒋介石的政策；即使在中国宣布了“一边倒”的外交政策后，美国仍在试探与中国恢复正常关系，而苏联对中国共产党接管后的中国却不是十分信任。1950 年年初，苏联顾问科瓦廖夫向斯大林提交了题为“关于中共中央若干政策与实际问题”的汇报材料。报告认为，在中共党内，有些人（指刘少奇、周恩来）是亲美的、反苏的，而毛泽东支持他们。这份报告对斯大林产生了影响，担心毛泽东会成为另一个铁托，因此，在一段时期内有意冷落毛泽东。显然，三大国都没能很好地把握和处理历史提供的机遇，而共同的失误则必然对三方日后的国际、国内政策产生极为深刻的影响。朝鲜停战之后的几十年间，中国由反帝而反修，绝不妥协，越来越左；美国从麦卡锡至考克斯，敌视中国的政治势力也渐行渐远。追根溯源，无非战端一开，就是血海深仇。现在看来，50 年前中美两国在朝鲜作战并不是被狭隘的民族利益驱动，而是由于冷战时期的意识形态对抗所致。这真是大国的不幸。

而 1950 年 11 月 25 日则是所有不幸中最为不幸的一天。

这不幸不仅是因为毛岸英的牺牲，而且还因为在那天上午 10 时，麦克阿瑟命令“联合国军”向鸭绿江边进攻，最初充满诗意而后来变得讽刺意味十足的“圣诞节攻势”开始了。由此，中美之间的对抗开始向更残酷更血腥的方向滑去。

在平壤下达进攻命令之后，麦克阿瑟登上“巴丹”号专机返回东京。当飞机升空时，他命令飞往新义州，在鸭绿江边转了一圈，才下令返航。跟随他的惠特尼将军回忆道，“展现在我们面前的是广阔无垠、十分荒凉的乡野，起伏不平的山丘，张着大口子的裂谷，鸭绿江满江碧绿的江水被厚厚的冰雪所覆盖”。这将是麦克阿瑟将军的滑铁卢。当时他对此还一无所知。他唯一可能预先知道的，是这次显示勇气的视察，他可望获得空军颁发的一枚飞行优异十字勋章。

第二次战役之西线（1950年11月25日）

梁兴初咬着牙说这次要打他个狠的

三十八军在第一次战役没有打好，军长梁兴初受到彭德怀严厉的斥责，“都说你梁兴初是打铁的出身，是个硬汉子，是靠打硬仗打上来的将军，是员虎将。这次我彭德怀算是看见了，什么虎将，明明是个鼠将！告诉你熙川只有伪军一个营，别人说有美军一个黑人团，你们就不敢打啦。娘的，黑人团有什么了不起？三十九军在云山不是连白人团也打了吗，还是美国的王牌，打掉他一千多人嘛，黑人团为什么不能打？什么鸟黑人团，你们是自己吓自己！我老彭别的本事没有，但是斩马谡的本事还是有的。”梁兴初是林彪手下一员虎将，以打恶仗出名。三十八军也是四野的主力。追溯起来，它的一支部队出自红军第三军团，是彭德怀领导平江起义时拉出来的老部队。出国第一仗打成这个样子，特别是被彭德怀一番羞辱，让梁兴初和全军都觉得窝囊。他们憋足了劲要在下一次战斗中打出三十八军的威风来。

11月25日黄昏，三十八军按彭德怀的命令向德川南朝鲜第7师发起攻击。第二次战役开始打响。

三十八军一一二师翻越妙香山兄弟峰，插到德川西侧，切断了德川与军隅里之敌的联系。一一三师从德川东侧渡过大同江，击破南朝鲜第6师一个团的阻击，占领了德川南侧的遮日峰、济南里，切断了德川守敌南逃退路。梁兴初派军侦察科副科长张魁印指挥军侦察连和一一三师侦察科科长周文礼带领的侦察连组成的先遣支队，化装成南朝鲜军，巧妙穿过敌军的层层关卡，偷涉大同江，插到武陵里。按梁兴初规定的时间——26日上午8点——炸毁了德川通往平壤的公路大桥，切断了敌南北通路。一一四师从正面逼近德川，将立足未稳的南朝鲜第7师包围。从战斗发起到结束，共一天一夜，三十八军独力拿下德川，并给南朝鲜第 7 师以歼灭性打击，7 名美军顾问被俘虏。

同时，四十二军向宁远南朝鲜第 8 师发动进攻。该师在第一次战役中因三十八军行动迟缓而逃脱，此次在第一天战斗中就被歼灭。26 日这一天，志愿军在德川、宁远地区歼敌两个师，在敌第 8 集团军的右翼打开了战役缺口。彭德怀判断，遭受打击的敌军很可能要撤到清川江以南。遂决定以三十八军和四十二军两个军 6 个师从这个缺口插入，实行双层战役迂回。第一层三十八军，继续以主力向院里、军隅里方向进攻。以一部插向三所里，堵住美第 9 军敌人南逃之路。第二层四十二军，向更南的顺川、肃川突进，争取切断整个第 8 集团军的退路。同时命三十九军、四十军、五十军、六十六军向中部和左翼的美 9 军、美 1 军加紧进攻。

27 日黄昏，梁兴初接到志愿军总部新的命令后，他心里清楚，这个新任务是完成整个战役目标的关键。他立即率主力沿公路向价川急进，同时命令一一三师沿德川以南的小路向三所里强行军。

三所里是美军第 8 集团军腹地的一个小村，南临大同江，北倚山峦，村西有一条平壤通价川的公路，是西线美伪军主力北进和南逃的必经之路。一一三师要赶到三所里需行程 72 千米，沿途山路崎岖，又是敌占区。而他们即将面对的美军三个师都是其主力。我一一三师只有十几门迫击炮和一些反坦克手雷。穿插三所里困难重重，要守住三所里更是艰巨。经过一夜急行军，部队到达距三所里 30 多华里的松洞时，天已大亮，几十架美军飞机沿大同江飞来，在我行军纵队上空不停地盘旋和低空侦察。率先遣团行进的刘海清副师长命令全体人员扔掉伪装，大模大样在公路上行走，使敌机误以为是败撤的南朝鲜部队。为防止美军电台监听，一一三师采取了无线电静默。这让急于知道消息的志愿军指挥部焦急万分。28 日早晨 8 时，终于接到一一三师报告：部队已到达三所里。喘息未定，旋即又按新的指示分兵一部，占领了三所里旁边的另一个交通要道——龙源里。

到此时，美国第 8 集团军北进和南撤的最重要的一道“闸门”被三十八军一一三师关上了。

在得知三所里被志愿军占领后，西线美军于29日开始全线撤退。

从清川江败退下来的美第2师和土耳其旅被拦阻在军隅里至龙源里的狭长地带。南北20千米长的公路上，拥挤着近2000辆汽车、300门火炮、几十辆坦克和上万名美军。梁兴初望着被围在山谷里的敌人，咬着牙说，娘的，这回要打他个狠的，一个也别让他跑了。三十八军主力对围困之敌进行猛烈攻击。同时一一三师死守三所里、龙源里，阻击南逃和北进之敌，使其相距不到1千米而无法会合。南逃之敌只好遗弃大量重装备转向安州突围。在8昼夜的围歼战中，三十八军消灭南朝鲜第7师，重创美2师、美骑1师，歼敌8000余人，俘敌3616人，缴获汽车1500辆、火炮300门、坦克14辆。全军两次深入敌后，圆满完成了总部赋予的作战任务，为兄弟部队歼敌创造了条件，为实现整个战役意图立下了头功。

彭德怀在得知三十八军胜利的消息后，亲自拟写了发给三十八军的嘉奖令，在这条著名的电报最后，心情极好的彭德怀特意加了一句："三十八军万岁！"

被称"万岁"是中国人眼里至高无上的荣誉。三十八军得此殊荣，令志愿军全体官兵为之一振。解放军历来有"山头"之说，彭德怀新领林彪旧部，仅一罚一赏之间，就使三军将士从此用命。可见这位老帅统军御将之术已臻炉火纯青。战后，梁兴初特意给彭德怀送来一辆缴获的美式吉普车。

主力穿插敌后的战术，是彭德怀从红军时代就屡试不爽的老战法，但用在既没有制空权，又面对机械化敌人的朝鲜战场，也算旧酒新瓶式的革新。此战最有意义的创新是指挥方式，彭德怀打仗历来有靠前指挥的特点，这显然已不适应大兵团作战。彭德怀虽生性耿介，但绝非鲁莽之辈，他当然懂得在战争中学习战争的道理。仅仅与美军交过一回手后，在随即展开的二次战役中，这位"草鞋将军"便悟出了现代指挥的门道，即派副司令员韩先楚设前方指挥所，指挥三十八军、四十二军，这种委托式的指挥方式明显更符合现代战争特点。在以后的作战中，就成了一种经常使用的方法。

这些变革与创新得益于彭德怀和他领导的志愿军各级对敌手的研究，据六十六军在11月就写出的第一次战役《云山战斗经验的基本总结》，从其中对美军特点的精当分析，可以看出志愿军的确认真并迅速地研究了自己的对手：

> 1. 美军的长处：坦克和炮兵的协同战斗形成了它的冲击力的主体……其火炮威力极强而且是活动的。空军对地面攻击的能力很强……其拦阻作战使我们最感头痛……其运输能力很强……步兵的火力装备特别是远程火力很突出。
>
> 2. 美军的短处：步兵弱。过于怕死，缺乏勇敢进攻与死守到底的精神。完全依赖空军、炮兵和坦克，相反害怕我军火力。因此在前进中一听到枪炮声就停止不前，只是喜欢昼间行动，甚至不习惯于夜战和近战。打了败仗不能保持秩序……如果断绝了补给立即就会丧失战斗意志。
>
> 3. 与美军战斗的主要着眼点：各部队迅速迂回切断其补给线……为了避免与敌人的坦克和炮兵战斗，不要选择主要道路和平地为进攻轴线。山地的夜战，必须在周密计划的基础上各部队互相配合实施。为此要首先派出小分队边吹号边进攻。部队主力以纵队在其后面跟进，敌人的配备暴露之后从侧后突入。反坦克小组，由装备两个20斤的炸药包和两个5斤炸药包的4个战士编成，以破坏坦克履带和底盘。

“知彼”从来是战胜敌人的必要条件，对敌人的了解不能停留在“帝国主义国家的军队”或“共产党军队”的一般特点上，对军队阶级属性的判断解决不了战场上的胜负。迅速了解战场上敌人的具体弱点并据此采取针对性的措施是战场指挥官的重要责任。同是战功卓著的老将，在面对新的敌手时，与麦克阿瑟的骄狂和懵懂相比，彭德怀便显得要精明许多。他显然比麦克阿瑟更明白在朝鲜战争中作为战场统帅应该做些什么，当麦克阿瑟忙于见记者、发公告的时候，彭德怀则以雷霆之怒在总结会上敲打自己的新胜之师，使打得好的不敢懈怠，打得不好的“知耻而后勇”。他的胜利再次证明了中国军事先哲的智慧：知彼知己，百战不殆。

劳伦斯·凯泽师长走上了“印第安笞刑场”

“圣诞节攻势”，源于麦克阿瑟对第9军军长约翰·B·库尔德将军（一说是对第1军军长米尔伯恩，还有一说是对24师师长丘奇将军）私下里说的一句玩笑话，“如果搞得好，可以让小伙子们回家过圣诞节”。于是，新闻记者们就把“回家过圣诞”作为世界各报的大字标题。

后来的战局变化使这句话成了被广为嘲笑的话柄，使得麦克阿瑟几次试图改口，把这句话变成“布莱德利将军希望在圣诞节前把两个师送回国。而我只是向前线的将军们转达了这个希望”。但已根本不可能，因为这句“名言”当时几乎已和金日成的“把李承晚赶到海里去过年”一样著名。实际上，当时驻韩美军从上到下都想尽早回国，至少是回日本。发起进攻前，在担任平壤警备任务的骑1师中甚至传说“11月24日就可回东京过感恩节了”，有位负责福利的军官，性急却办事周到，为了便于大家在日本购买圣诞节礼物，还制作、分发了东京银座的物价表。连沃克将军在11月受领进攻任务后，也很有保留。他有意设置了一条中间控制线以放慢推进速度，他给丘奇将军的先头部队指挥官斯蒂芬斯发了一封指示信：一闻到中国军队的炒面味就赶快撤回来。

“圣诞节攻势”于11月24日10时，在博川至宁远100千米长的战线上静悄悄地拉开——没有敌人固守的阵地，连炮火准备也免了。

这一次先闻到“炒面味”的还是南朝鲜第2军团。沃克的进攻线由西向东分别是美1军（美24师、南朝鲜1师、英军27旅），美9军（美2师、25师、土耳其旅），南朝鲜第2军团（南朝鲜6、7、8师）。

仅仅两天后，也就是11月26日，南朝鲜军第7师和第8师分别被志愿军三十八军和四十二军歼灭，战线右翼被撕开。

大为震惊的沃克最初还想调集兵力堵住缺口，当发现三所里、龙源里被占领后，他正确地判断出有大批中国军队参战，作为一员老将他甚至觉察到了彭德怀要聚歼第 8 集团军的意图。

28 日，麦克阿瑟急召他和第 10 军军长阿尔蒙德去日本开会。在飞往东京之前，沃克明智地下达了最终挽救了全军的向清川江后退的命令。

从 28 日 22 点开始至 29 日 1 点 30 分结束的东京会议得出结论：中国军队正式参战。美军需后退至平壤—元山一线。麦克阿瑟给华盛顿报告：这是一场全新的战争。并随即正式下达撤退令。

美 9 军军长库尔德将军还没有感到危险的临近，他命令部队每隔 5 千米左右就建立一条防御线逐次后撤。

美 2 师师长凯泽将军也许对危险的感觉真切，他不满意库尔德将军的这种做法，颇有先见之明地提出“如果不一举后退，就必定会有全军覆灭的危险”。

29 日凌晨，美 2 师得到撤退到顺川的命令。从军隅里撤退的道路有两条，一条是经新安州—肃川—顺川的干道，这是美 1 军和美 25 师的撤退路线；而另一条是沿槽桶江谷经三所里直达顺川的公路。凯泽师长担心走干道的部队太多，加上还担负着掩护右翼的责任，所以决定走顺川公路。他一面组织对公路的侦察，一面赶到军司令部报告。军司令部里一派混乱，军长不在位，没有人与他说话，军作战部部长一边接电话一边在地图上画出新的作战地域，凯泽师长在旁边看了一眼，在自己的地图上作了个记号，就匆匆乘直升机赶回师部，在返回的路上，他看到有上千难民正沿顺川公路南下，他宽慰地喘了一口气，觉得自己的部队可以赶在中国人之前撤离。而实际上，他看到的所谓难民恰是赶去阻击他的部队的三十八军一一二师的部队。

30 日凌晨开始的大撤退，从一开始就困难重重。美 2 师部队冒着志愿军从两边山上对其阻击的猛烈火力，艰难地行进在狭窄的山谷中，此刻的凯泽师长觉得自己像是被处罚的犯人，走在“印第安笞刑场”上，每走一步就是一道血痕。美 2 师在槽桶江边已经完全瓦解，其残部在飞机和坦克的掩护下侥幸逃到顺川，人员不到编制数的 20%，绝大部分部队被消灭在顺川公路被美军称为“夹击岭”的山谷中。

不久，美 9 军军长和凯泽师长被同时解除了职务。

12 月初，志愿军进行休整。美军也得以喘息。因平壤防线的核心成川被我攻下，惊魂未定的麦克阿瑟于 12 月 3 日决定向三八线总退却。

12 月 6 日，志愿军收复已是空城的平壤。

第二次战役之东线（1950 年 11 月 27 日）

宋时轮与阿尔蒙德顶牛

麦克阿瑟的北进计划被其自诩为“钳形攻势”，沃克的第 8 集团军为左钳，阿尔蒙德指挥的美 10 军（陆战 1 师、美 7 师及美 3 师）是右钳，两军相互呼应，以图在平壤以北消灭北朝鲜军队，而后会师鸭绿江。彭德怀指挥原十三兵团部队，主要对付沃克的第 8 集团军。东线美 10 军的进攻对彭德怀的侧翼形成巨大压力，因此要求原定 1951 年春使用的九兵团提前入朝，参加第二次战役，其主要任务是打击阿尔蒙德指挥的美 10 军。11 月 9 日至 19 日，九兵团第二十、二十六、二十七军共 12 个师在辑安、临江方向进入朝鲜，准备展开东线作战。

宋时轮从黄埔军校毕业后，就一直带兵打仗，是解放军中赫赫有名的战将。他指挥的九兵团是华东野战军的主力，原定任务是解放台湾。朝鲜战争爆发后，美第 7 舰队封锁台湾海峡，中共中央认识到，一次解放台湾的绝好的历史机缘已经失去。于是调九兵团北上，准备参加抗美援朝。

1950 年的朝鲜，冬天格外的冷，在东北山区气温下降到零下 30 摄氏度，来自华东的九兵团是匆忙入朝，部队来不及换装，棉帽不够，战士穿的是胶鞋，有的还穿着单裤。在长白山中行军，武器弹药和粮食给养全部要人扛肩挑，无法携带重武器，这是后来未能歼灭美陆战 1 师的一个主要因素。由于天降大雪，又要躲避空中侦察，部队只能在夜间冒雪行军，因而无法按时赶到预定作战地域。经请示彭德怀同意，宋时轮兵团的东线战役于 11 月 27 日开始。

事有凑巧，在得到美 3 师 11 月 26 日在元山登陆增援后，阿尔蒙德为策应第8集团军的进攻，命令美7师和陆战1师展开战斗，进攻日期也定在11月27日。像宋时轮并不知道他所面对的敌人有 10 万之众一样，阿尔蒙德也不知道宋时轮兵团的逼近。两支大军在朝鲜东北崇山峻岭的冰天雪地中开始了对攻。

战斗最先在长津湖畔的柳潭里打响。遭到攻击的美陆战 1 师，立即转入防御，因知道中国军队没有重型火炮，也无空中打击能力，师长史密斯令 200 辆坦克在柳潭里、下碣隅里、真兴里等被围地点组成三个环形防护圈。志愿军只能利用夜间对敌攻击，经一夜攻击不能结束战斗，一到白天敌人就利用火力和空中优势进行反扑。由于我军只有轻武器，要靠集团式冲锋相对提高单兵武器的火力密集程度，以 10 支三八大盖顶 1 支 M–1 步枪，求得实现对敌人阵地的突破。此种战法虽被讥为“人海战术”，其实这是火力过于落后的志愿军不得已而为之的打法。

几番拉锯之后，在柳潭里苦战的陆战 5 团、7 团，接到了撤退命令，向下碣隅里突围。为了打通退路，B–25 重型轰炸机、海盗式战斗机不停地对两边的高地实行轰炸，配合陆战队向志愿军抢占要地。由于我无火炮等重火器，对在山谷中蠕动的装甲机械化部队难以实施打击，志愿军战士只能以机枪、迫击炮、手榴弹等轻武器杀伤敌步兵。一位志愿军指挥员后来回忆，“战斗也只能那样打了，白天，敌人飞机活动厉害，部队稍一集结，地上的美军就召来飞机进行轰炸、扫射。晚上有时候，敌机为了营救被困的美军，在夜里也飞到战场上空，依靠照明弹的光亮来寻找攻击目标。所以，部队根本无法集中兵力对敌人实施攻击。根据这一情况，指挥员便将部队分成若干股，分头攻击敌人。这样不能将敌人一举歼灭，却能不断给敌人造成伤亡，同时也可避免敌飞机和大炮给我们部队带来损失。这样，双方始终保持不即不离的状态。可惜我们没有大炮和飞机，不然敌人怎么样也别想逃出我们的包围。”

全副机械化的美海军陆战队用了 70 个小时，以伤亡千余人的代价，走完了从柳潭里到下碣隅里的 21 千米距离。有人后来回忆，“伤员被绑在吉普车的水箱和大炮的炮身上，他们当中许多人在酷寒下 72 小时没有挪动一下身子。我们到达下碣隅里时，辨别他们是死是活的唯一办法就是看他们的眼睛还动不动。他们都被冻成了冰棍。”随美军采访的《纽约先驱论坛报》记者马格丽特金斯报告说：“我在下碣隅里见到这些遭到一阵痛打的官兵，不由想到他们如再受一次最后打击，究竟还有没有再逃出的力量。官兵们衣着破烂不堪，脸上因刺骨的寒风而发肿流血，手套也破了，棉絮露在外面，没有帽子，耳朵冻成酱紫色。还有因为脚冻伤穿不进结冰的鞋子，赤脚走进军医棚。陆战 5 团团长穆里中校憔悴不堪，像个幽灵。”在谈到柳潭里时默里中校禁不住哭了起来，他承认自己以为部队撤不出来了。当阿尔蒙德将军看到这一惨状时，也伤心地哭了起来。

史密斯少将未雨绸缪，在下碣隅里修建的简易机场，这时可派上了大用场。它使陆战 1 师得到了几百吨物资补充，同时大量的伤员可以通过运输机运走，一些生力军也可以运进来，这一富有远见的安排救了陆战 1 师的命。

几天打下来，宋时轮得知被他分割包围在长津湖的美军有 3 ~ 4 万人，超出事先估计的一倍。九兵团的首要任务是要迫使美 10 军后撤，保持西线兵团的侧翼安全，把战线推向南方。当然，也要尽可能多地消灭敌有生力量。但以九兵团的现有兵力，要想一口吃掉这些敌人并不现实。加上天气恶劣，部队大量冻伤减员。为此，他必须有所取舍，集中兵力消灭敌一部。在征求了几个军长的意见后，他决心以二十七军集中力量打掉被包围的美 7 师的 31 团。其他部队则向下碣隅里以南移动，争取将陆战 1 师围歼于南撤途中。

弗伊斯中校的第 31 团不存在了

在战斗开始之前，第 31 团的指挥官是麦克莱恩上校。弗伊斯中校是美

7 师第 32 团 1 营营长。因美 7 师要抽调一个团的兵力到新兴里接替将移防柳潭里的陆战 5 团，而他的营离长津湖最近，所以被临时编入第 31 团。经过补充的 31 团有 3000 多人。弗伊斯中校当过李奇微的副官，还跟随巴尔师长在中国当过联合军事顾问团成员，算个“中国通”。

11 月 27 日夜，第 31 团接到师里命令，于次日凌晨向江界方向的葛田里进攻。他们并不知道，中国军队的第二十七军八十师已经潜伏在阵地周围，马上就要开始对第 31 团进行攻击。

志愿军的突袭在 28 日凌晨 1 点发起。弗伊斯的营首当其冲，受到严重的打击。天一亮，中国人因要防空主动撤离了战场。阿尔蒙德将军在陆战 1 师部发表了“不要被几个中国洗衣匠吓住”的高见后，乘直升机飞到新兴里，特意给惊魂甫定的弗伊斯中校颁发了一枚银星奖章。阿尔蒙德说，“不必紧张，昨天夜里的中国军队只是北逃中的部队。”对中国军队有所了解的弗伊斯觉得军长的话不是糊涂就是欺骗，因而感到很气愤，等阿尔蒙德的飞机一起飞，他就把银星奖章丢在了地上。到了夜间，志愿军又发起新一轮进攻。这一次第 31 团的损失更大，麦克莱恩上校在战斗中失踪。不久，弗伊斯中校接到一份电报：

命弗伊斯上校，率队向下碣隅里撤退，无援军。海军少将史密斯。

第 31 团现在归弗伊斯上校指挥了。新兴里离下碣隅里只有 20 多千米，尽管他知道要到达那里并不容易，但他并没有想到会全军覆没。

1221 高地，是撤往下碣隅里的重要通道。12 月 1 日，弗伊斯和第 31 团的残部到达山下时，发现志愿军已经在此据守。河边的水泥桥被炸断，虽然 M19 坦克可以涉水过河，但汽车队无疑是难以通过的。弗伊斯一面组织部队向 1221 高地进攻，一面命令配属他的“空中调度员”请求空中火力支援。活该弗伊斯的部队倒霉，1221 高地在几天前还是美陆战 5 团的防御阵地，工事很牢固，这使得防守的志愿军坐享其成。几次冲锋失败，一些美国兵试图从冰雪覆盖的长津湖绕过去，但走到湖中间时踩碎薄冰掉进了湖中。只好再次向1221高地发起进攻。一位坚守过1221阵地的志愿军机枪手回忆道：

> 等敌人再向山顶冲锋时，他们还剩下600多人。但是敌人似乎已经组织不起有规模的进攻。美军士兵四散夺路逃命，不管前面有没有志愿军阻击，只是选择他们认为能够逃命的路线乱窜，最多的一股敌人也不过40来人。不少美军跳下公路顺着通向1221高地的羊肠小道向上爬，另一些则从悬崖峭壁上抓住树枝、岩石往上爬，他们只想通过1221高地，因为1221高地南面不远处就是下碣隅里，那里有他们的大部队。敌人的飞机十分讨厌，每当高地上的志愿军战士试图向公路上溃散的敌人冲击时，它们就像母鸡护小鸡一样俯冲下来向我军扫射、投弹。这些飞机飞走一批又来一批，燃烧弹烧得高地上的树木冒起了股股黑烟。公路上的敌人M19坦克和M16坦克也很凶，发射的时候子弹像雨一般打在结冰的岩壁上啪啪作响。我的机枪防守着公路的正面。我们在山顶公路的下坡处设置了很高的路障，敌人反复向路障攻击，想排除路障通过，但都被我军战士打退。不一会儿他们又像疯子一样扑上来，似乎对不长眼的枪弹无所畏惧。

实际上这种疯狂有一半来自对弗伊斯上校的畏惧，因为他已下令对抗命不前的士兵开枪，并且亲手枪毙了两个逃跑的士兵。靠着这股疯狂，有200人冲过了封锁线。但这些人也仅比他们倒在1221高地的弟兄们多活了不过十几分钟，因为在他们的前面，还有1239高地，那里，将是他们最终的葬身之地。

在接近1239高地时，志愿军的头一发迫击炮弹就击中了弗伊斯上校。他和他刚刚接手指挥的部队便也无法离开这片死亡之地了。

“朝另外方向进攻”的史密斯将军

奥利弗·P·史密斯少将是地道的陆战队员。他在陆战队生活了33年之久，像个殉教者一样恪守陆战队员的信条。作为指挥官，他属于深思熟虑后断然行动的类型。他的才能从加入陆战团的时候就引人注目，特别是其不屈不挠的气概，深为部属敬畏，写在对他的考核评语中的缺点是，对迟钝者太不宽容、过于严厉。在第二次世界大战中，他担任过冰岛防卫军的营长，后又担任第5陆战团团长，第1陆战师参谋长、副师长，参加过多次在太平洋地区的登岛作战。战后作为海军陆战队副司令官在华盛顿工作。7月15日，奉命动员进行仁川登陆需要的第1陆战师，史密斯被起用为陆战队最高荣誉第1陆战师师长。

在见到麦克阿瑟的参谋长——新任美10军军长的阿尔蒙德将军时，史密斯从专业角度表达了“仁川不适宜登陆”的意见。麦克阿瑟深谙说服人的技巧，他委婉地告诉史密斯，在对是否需要保留陆战队的争论中，有什么比一场展现陆战队独特作用的登陆作战更有说服力呢？结果，第一个被说服的海军陆战队员不是别人，正是史密斯本人。而他领导的第1陆战师不仅在仁川登陆作战中表现出色，在攻克汉城的战斗中也起到了骨干作用。不过，在随后展开的一系列战斗中他与阿尔蒙德将军的看法时常相左，他感到熟悉欧洲作战的阿尔蒙德根本不了解如何与东方人作战。

史密斯对作战的实施总有自己的见解，并固执己见，但一接到命令就坚决执行。对麦克阿瑟让美10军在元山登陆的计划，史密斯认为，这是无谓地增加作战复杂程度，而且可能错过作战时机。实际情况的确如此。在陆战队于10月10日登船完毕时，南朝鲜第1军已从陆路攻占了元山。第10军的登陆成了一次完全没有必要的豪华海上游。这不过是麦克阿瑟想再次表演自己的登陆作战的把戏，可惜演砸了。但这并不是它的唯一后果，更糟的后果还在后头。将美10军控制在自己手里，并把它用于无法支援第8集团军作战的东北部山区，这是麦克阿瑟至死都不承认的军事错误。这一错误终于在 11 月底变成了一场悲剧。当然，在 11 月 27 日以前，第 10 军的作战还很顺利。

对麦克阿瑟把陆战 1 师用于朝鲜东北部山岳地带的计划，史密斯一直持反对态度，认为不应把海军陆战队当成山岳师来使用。他对在陌生地域作战始终抱着如履薄冰的警惕，在得知有中国军队参战的消息后，有意放慢向长津湖的前进速度。史密斯提出，“在据说已出现中国正规军的 3 个师的情况下，向下碣隅里推进既危险又无必要”。这使阿尔蒙德军长十分不满，他不断催促陆战 1 师加紧向下碣隅里急进，以配合第 8 集团军的攻势。11 月 10 日，陆战队到达古土里，距离下碣隅里只有 15 千米，但是陆战 1 师竟走了 13 天。原因是史密斯将军命令，在可供 C–47 着陆的机场和真兴里到黄草岭的公路扩建修好以前绝不允许师主力到下碣隅里。这种蜗牛式的前进速度再次引起阿尔蒙德军长的不快，但也正是史密斯少将的这一手，在几天后使陆战 1 师的主力逃过了宋时轮将军第九兵团的围歼。

11 月 27 日晚，史密斯少将在下碣隅里不断收到刚刚到达龙潭里的陆战 5 团、7 团受到中国军队进攻的消息。他长久以来的忧虑终于变成了现实。当时他的部队分布在从龙潭里到真兴里的 70 ~ 80 千米的几个点上，很可能被擅长于穿插迂回的中国军队各个击破。他向阿尔蒙德军长报告，“在目前的情况下，我认为继续进行进攻战斗是不明智的。我们现在是在为我们的生存而战，在弄清情况以前，有必要在所有的地方采取守势。”

然而，阿尔蒙德将军并不相信他遇到了劲敌，因为从空中侦察的情况看，在这一带山区绝不可能有大规模的中国军队集结。

阿尔蒙德认为史密斯的报告是由于临战畏敌所致。他以挖苦的口气回答史密斯说，“眼下阻止你们的是北逃的中国师残部。我们仍然要进攻，我们仍然要直捣鸭绿江。不要让几个中国洗衣匠挡住你们。”幸亏陆战 1 师最终隶属海军陆战队，这使史密斯将军能够婉转而坚决地拒绝阿尔蒙德的命令。史密斯下令陆战 1 师的部队，在真兴里、下碣隅里和龙潭里建立三个环形防御圈，进行防御作战。28 日，下碣隅里也遭到志愿军的猛烈攻击，由于预先有防御准备，虽然遭到了志愿军的沉重打击，但还是守住了阵地。如果陆战 1 师继续进攻的话，即使不会全军覆没，也将遭受更大的损失。

11 月 30 日，按照麦克阿瑟的命令，第 10 军开始全线撤退，当撤退命令下达到海军陆战 1 师作战处时，一位参谋情不自禁地叫道："我的天，我必须去找一本新的参谋手册。我们未想到海军陆战队会参与后退和撤退行动。"的确，"退却"一词不是美国海军陆战队喜欢的词汇。史密斯少将同样不喜欢用这个词来概括他部队未来的行动。他同一名记者的谈话中，创造了一段名言："退却，见鬼去吧，我们不过是向另一个方向进攻。"的确，他的陆战 1 师向海边撤退，就是打开一条逃生之路的进攻。

12 月 5 日，史密斯少将向下碣隅里部队下达突围作战命令："全师沿古土里—真兴里—咸兴轴线，向咸兴、兴南附近撤退；陆战 5 团与陆战 1 团 3 营担任殿后任务，掩护第 7 团撤退，然后尾随第 7 团撤退；陆战 7 团担任撤退先头部队，于 12 月 6 日开始行动，师部部分人员编成第 31 营配给 7 团；陆战 1 团在古土里一带掩护，接应陆战师主力，并保证古土里以南撤退线路畅通；师部人员和后勤部队，徒步尾随汽车梯队撤退。"

第二天的作战行动是严格按这个计划实施的，先头部队陆战 7 团夺取公路两边的高地；随后是能走的伤员、步兵和 1200 多辆车辆的混合编队，然后是后卫部队陆战 5 团。在这支撤退大军上空盘旋着朝鲜战争以来美空军出动的最强大的战术空军，由 300 余架飞机和舰载战斗机组成的机群掩护部队撤离。志愿军进行了极其顽强的阻击，继续对其造成重大杀伤。

逃入古土里防御圈的陆战 1 师残部有 1 万余人，九兵团第二十六军对其实行了包围，但因没有攻击坚固阵地的武器，无法对古土里之敌实施毁灭性打击。美国《生活》杂志记者戴维·道格拉斯·邓肯问一名刚逃出险境的士兵："如果我是上帝，而且你要什么我都可以给你，你会要什么？"那个士兵沉默了一会儿，然后抬头望着夜空，忧戚而漠然地说："给我明天吧。"

也许真是上帝帮忙，从 12 月 7 日至 9 日，下起了暴风雪，深达 1 米的积雪阻滞了志愿军南插部队的行动。部队成连成排的被冻伤，九兵团全军冻伤减员 3 万余人，仅冻死的就有 4000 多人，为军史上之仅见。

严寒对阻击作战也产生了难以预料的困难。

水门桥地区是陆战 1 师撤退的重要关口，如果确保这个关口，阻止美军架桥作业，将使陆战 1 师 1400 辆车队无法撤退，就可能使陆战 1 师有组织的撤退变成一场溃败。

当发现在水门桥附近已有志愿军据守时，负责占领高地的美军第 7 团索耶少校大吃一惊。他意识到这将是一场死战。可是索耶少校组织部下对志愿军阵地进行攻击时，居然未受到丝毫的还击。占领高地的美军看到了令人惊讶的一幕：志愿军的士兵已全部冻僵在堑壕之中！

据志愿军第二十七军战后总结："战斗中，士兵在积雪地面野营，脚和手冻得像雪团一样白，连手榴弹弦也拉不出来。引信也不发火。手冻得不好使。迫击炮的身管因寒冷而收缩。迫击炮弹有七成不爆炸。手的皮肤和炮弹及炮身粘在一起。"

12 月 12 日，被围达 15 天的陆战 1 师和美 7 师一部与前来接应的美 3 师会合。东线美军全部撤入咸兴—兴南港。在海军舰炮和空军的火力组成的环形火网掩护下，乘船撤离。在长津湖作战中，陆战 1 师伤亡 4000 多人，非战斗减员 7000 多人。作战处处长鲍泽上校说，"中国人没有足够的后勤支援和通信设备，否则，我们绝不可能走出长津湖。陆战 1 师不过是侥幸生还。"

至此，中国人民志愿军第二次战役结束。是役共歼敌 3.6 万人，其中美军 2.4 万（美军承认 1.7 万）。美军十天撤退 300 千米，被艾奇逊称为"美国历史上路程最长的退却"。

12 月 23 日，美国第 8 集团军司令沃克中将翻车身亡。

这一不幸事件，使他躲过了即将到来的解职处分的屈辱。

1950 年 10 月 19 日，中国人民志愿军进入朝鲜时，正值以美国为首的“联合国军”大举北犯，妄图在感恩节前占领全朝鲜。志愿军抓住“联合国军”分兵冒进的弱点，采取东顶西打，待机出兵，在运动中各个歼敌的方针，于 10 月 25 日出其不意地重创其先头部队，从此拉开了抗美援朝战争的序幕。图为志愿军总司令彭德怀（左）在朝鲜前线主持作战会议，部署作战计划。

1950 年底，入朝后的中国人民志愿军炮兵战士正在检修炮车。

1950 年底，中国人民志愿军某部入朝后，向熙川方向行进。

1950 年 11 月 2 日，中国人民志愿军战士在朝鲜战场向云山守敌发起攻击。

1950 年 11 月初，参加攻克朝鲜云山战斗的中国人民志愿军高炮阵地。

1950年11月2日，中国人民志愿军某部攻克朝鲜云山后，沿街道搜寻残敌。

1950年11月初，中国人民志愿军在朝鲜云山战斗中俘虏的美军军官。

1950 年底，中国人民志愿军某部指挥员在朝鲜黄草岭阵地上指挥战斗。

1950 年底，中国人民志愿军在朝鲜龙山洞战斗中缴获美军装满物资的汽车。

1950 年底，中国人民志愿军在朝鲜龙山洞战斗中缴获的美军装甲车。

1950 年 11 月 25 日至 12 月 24 日，入朝作战的中国人民志愿军发起第二次战役，共歼敌 3.6 万余人，收复平壤和三八线以北大部分地区，粉碎了敌人“圣诞节结束朝鲜战争”的梦想，从而扭转了朝鲜战局。图为东线志愿军首长在指挥战斗。

志愿军战士在柳潭里战斗中向敌人进攻。

志愿军战士在柳潭里战斗中冲上山头歼敌守军。

志愿军在龙源里战斗中追击美军。

志愿军在龙源里战斗胜利后，追击南逃残敌。

下碣隅战斗胜利后，志愿军战士在试用缴获的美军步话机。

下碣隅战斗胜利后，志愿军将俘虏押离战场。

美军遗弃在下碣隅战场上的尸体。

下碣隅战斗中被志愿军击落的美军飞机。

1950 年 12 月 5 日，中国人民志愿军收复朝鲜平壤。

志愿军和朝鲜人民军在东海岸胜利会师。

第二部 ★ 筋骨与钢铁的较量

伍修权“大闹天宫”

针对朝鲜问题的外交战，从一开始就波谲云诡。苏联驻联合国大使马立克在战争初期，按斯大林的秘密指示在最具关键性的联合国安理会上神秘缺席，把朝鲜一下子就推到了联合国的对立面。特别是6月27日，苏联副外长发表的政策声明：“对朝鲜的内部事务，苏联政府同样坚持外力不得干涉的原则”。这种掩耳盗铃式的表演，并没有让西方国家相信苏联在朝鲜内战中会置身局外，但却使杜鲁门政府放开手脚，无所顾忌地利用联合国作为对朝鲜事务干预的工具。7月7日，安理会决定在朝鲜建立“联合国军”司令部，正式参与朝鲜内战。8月，朝鲜战局开始出现对北方不利的逆转，马立克这才借担任安理会轮值主席之机回到安理会。他在安理会上提出了和平解决朝鲜问题的提案，要求停止朝鲜境内的军事行动，在讨论朝鲜问题时应邀请中华人民共和国的代表出席，并听取朝鲜人民代表的意见。但是，打定主意在军事上大干一场的杜鲁门政府反对这一倡议。安理会于9月1日否决了马立克的提案。仁川登陆成功后，9月30日英国等8个国家向联合国提出“为建立统一的朝鲜政府‘联合国军’可以在朝鲜驻军”的8国提案，联合国会议 10 月 7 日通过了这个旨在把战火引向朝鲜全境的提案，并相应地否决了苏联等 5 国要求交战双方停火的提议，为“联合国军”越过三八线提供了合法依据。到这时，苏联在朝鲜问题上的外交努力几乎全告失败。

11 月，美国政府在得知英国打算在联合国提出建立朝鲜北方非军事区时，担心会影响麦克阿瑟即将开始的“圣诞节攻势”，通过驻伦敦大使以最严厉口气向英国提出警告。但美国政府没有想到，为了讨论中国提出的“美国侵略中国案”，联合国决定邀请中国代表出席会议。

1950 年的中华人民共和国，还像是个从石头缝里蹦出来的孙悟空，没有几个国家承认她的合法地位。所以当中国代表伍修权于 11 月 28 日在联合国安理会上发言时，引起了广泛关注。伍修权代表中国政府控诉美国武装侵略台湾。他的发言十分雄辩且颇具逻辑感染力：“能不能设想，因为西班牙内战，意大利就有权占领法国的科西嘉？因为墨西哥内战，英国就有权利占领美国的佛罗里达？这是毫无道理的，不能设想的。”伍修权代表的演说震动了国际舞台，毛泽东笑着说，伍修权是在联合国大闹天宫啊。

在伍修权“大闹天宫”的这一天，麦克阿瑟兵败朝鲜。两天后，杜鲁门在记者招待会上，扬言要在朝鲜战场上使用一切武器，包括“原子弹”。此时的麦克阿瑟比任何人都更热衷于扩大战争，他提出了报复中国的四点意见：

一、封锁中国海岸；

二、轰炸中国本土的军工企业及其设施；

三、派蒋介石军队入朝作战；

四、要蒋介石军队对大陆进行牵制性进攻。

中国在朝鲜参战和美国政府扩大战争的企图，引起了包括其盟国在内的许多国家的忧虑。加拿大外长皮尔逊提出应与中国接触，了解停火的可能。他的建议没有被其他西方国家接受，但却被联合国秘书长赖伊采纳。赖伊与伍修权会谈，伍修权答应向北京转告关于停火和进行谈判的建议。但伍修权坚持任何谈判都必须包括台湾问题。尽管伍修权态度强硬，但有趣的是，赖伊却觉得这个“趾高气扬的强硬共产党人”并不难打交道。

12 月 7 日，潘尼迦大使代表亚洲—阿拉伯 13 国，把一份“要求立即在三八线停战”的和平倡议交给中国外交部。中国外交部的官员随即提出四个问题：为什么 13 国不反对美国对中国、朝鲜的侵略？不宣言从朝鲜撤出外国军队？为什么在美军越过三八线的时候 13 国不讲话？为什么 13 国中包括出兵朝鲜的菲律宾？同一天，周恩来对苏联大使说明中国政府对停战的态度：“1. 所有外国军队撤出朝鲜；2. 美国军队撤出台湾海峡和台湾岛；3. 朝鲜问题应由朝鲜人民自己解决；4. 中华人民共和国的代表参加联合国并从联合国中逐出蒋介石的代表；5. 召开五大国外长会议准备对日和约。采纳上述五个条件，即可召开五大国代表会议，签订停战条件。”斯大林在转给周恩来的电报中明确表示“我完全同意您的在朝鲜停止军事行动的条件。我们认为，不满足这些条件，军事行动就不能停止”。但是至少“在汉城尚未解放之前，还不到中国亮出自己所有底牌的时候”。斯大林的意见，对当时的中国共产党人来说无疑是有相当影响力的。

周恩来 11 日会见印度大使，向他指出，“问题的关键在美国。到现在为止，还没有看到美国和联合国希望和平解决朝鲜问题的具体表示。”后来公开的史料证明，周恩来的判断很准。在 12 月 4 日到 8 日的英美华盛顿会谈中，美国明确向英国表示，不能在战场上失利的时候和谈，更不能接受中国把台湾、联合国席位、对日本和约放在一起的政治谈判。12 月 11 日，13 国提议正式提交联合国安理会。

13 国提议提出后，苏共中央政治局立即开会研究，在给中共的电报中指出：目前的所谓停战协议，多半只是美国为了改变美军在朝鲜战场上的失败局面而采取的缓兵之计。

同在这一天，杜鲁门召开国家安全会议讨论对“13 国提案”的对策。国防部部长马歇尔将军提出，从军事观点来看，现在停火不利，但是如果反对停火，我们的朋友就会认为我们反对和平解决。巴克雷副总统附和说，“美国政府不能陷入可能被指责为反对停火的境地”。杜鲁门本人则认为，联合国的停火谈判毫无意义，“因为除非中共得到我们不愿意出的价，否则他们会拒绝停火谈判”。因此，会议决定不停火，但要表面上赞成停火，同意“三人停火委员会”的外交努力，以便把阻止停火的责任推给对方。第二天，即 12 月 12 日，美国国务院给盟国下达一份备忘录，“表达国务院现在思考的结果”，备忘录说，“我们没有要求停火，也不鼓励他人提出停火建议，如果中共同意，我们当然接受，但是我们不能同意以政治条件或者其他不正当的条件来交换。如果达成停火，我们准备与中国在适当场合，和平谈判朝鲜问题”。备忘录接着说，联合国在 6 月给北朝鲜“戴上侵略者的帽子”，而中国不仅构成了对南朝鲜，也构成了对“联合国军”的侵略，“更可以戴上侵略者的帽子”。备忘录要求盟国增派军队，对中国实行经济与政治制裁等。

在 12 月 14 日联合国大会通过朝鲜停战决议之后，周恩来代表中国政府发表声明，“我们坚持以一切外国军队撤出朝鲜及朝鲜内政由朝鲜人民自己解决为和平调处朝鲜问题的谈判基础，美国侵略军必须撤出台湾，中华人民共和国代表必须取得联合国的合法地位。……朝鲜问题和亚洲重要问题的和平解决，离开这几点是不可能的”。美国以中国拒绝和谈为由，展开积极外交活动，准备把中国诬为“侵略者”。

在当时，美苏显然都不希望朝鲜出现停火的局面。作为富有国际事务经验的这两个大国，谁都不希望自己承担战争的责任，所不同的是，苏联希望由正在作战的盟友承担，而美国人则希望把责任推给敌人。据美国国务院电报摘要，1951 年 1 月 2 日，苏联驻东京代表团联络主任对美国代表说，苏联没有军队在朝鲜作战，今后也不会有。表示苏联不会介入中国和美国之间的战争。这一信号，仍然没有如苏联人所愿被西方认为是苏联决心置身局外的承诺，反而被英国看成苏联希望把美国人拖在朝鲜以使欧洲防务空虚的花招。

要揭开这些外交战中的重重迷雾，现有材料还远远不够。但是有一点可以肯定，不论当时中国人是否同意在三八线停火，他们的盟友或敌人都不会让中国得到和平。

第三次战役（1950年12月31日–1951年1月7日）

史蒂柯夫大使要彭德怀“把敌人赶下海去”

史蒂柯夫大使曾经担任过苏军驻朝鲜集团军的司令，也许是将军出身，所以此公格外喜欢就军事问题发表看法。史蒂柯夫对彭德怀在二次战役的指挥感到不满，他认为美军正在迅速向三八线撤退，志愿军应该乘胜追击，像苏联红军打关东军一样，十几天解决战斗。像志愿军这种打打停停的战法，在世界战争史上也没有见过。对这类的指责，彭德怀可以说早有领教。还在红军时期，军事顾问李德就像是共产国际派来的钦差大臣，对中国的内战不断进行外行式的指手画脚。在高虎垴战斗中，彭德怀就当面痛骂过热衷打阵地战拼消耗的李德，是“崽卖爷田心不痛”。对史蒂柯夫大使的看法，彭德怀认为他最大的问题是搞错了对象，美国军队不是关东军，志愿军也不是苏联红军。朝鲜战争不可能速胜。

彭德怀对战场形势和敌情我情的变化有自己的见解。敌人虽然溃退逃跑，但主力被歼灭不多。敌人迅速撤退，除有意保存实力外，还有着两个战术上的原因：第一，三八线以北没有防线。三八线以南虽是平原，但有以前南朝鲜军修筑的原有防线，可以利用它来固守。第二，美军经过两次失败，也需要补充、休整。希望同我们脱离接触，依托三八线以南阵地整顿部队。此时我军不宜强打硬攻。二次战役胜利后，志愿军减员已达10万人。全军汽车因空袭损失只剩下260辆，后勤供应极其困难。而从战略上分析，美军也绝不会轻易撤出朝鲜，否则将极大地削弱其威信，对其全球战略产生强烈冲击。

即使现在看来，彭德怀的各项分析都极其清醒、极其准确，绝非史蒂柯夫之辈所能企及。

若用流行于今天的军事理论去评议，第一、二次战役都可算作“非对称作战”。志愿军与美军相比，几乎在所有作战要素上都处于劣势：1. 武器装备。按编制，美军一个军有火炮 1400 多门、坦克 430 多辆、火箭筒 1600 具；志愿军一个军火炮不到 200 门，火箭筒有 81 具。在朝鲜战区，美军还有 1100 架作战飞机和 300 艘军舰，志愿军则没有空、海军。这还只是编制差距，在战场的实际火力差距就更明显。2. 通信。志愿军一个军有无线电台 70 台，美军有 5000 台。没有畅通的通信手段就不能进行统一指挥和协同作战。这在九兵团对陆战 1 师的作战中体现得最为明显，但也因此使美军失去对志愿军无线电侦听的能力。3. 机动性。美军部队已完全实现摩托化行军，而志愿军基本靠徒步行进。4. 后勤供应。美军有完整的后勤保障体系，志愿军的作战物资基本靠战士自己携带。5. 战术水平。美军已可纯熟地进行空地协同作战，步炮协同默契，有较高的陆海空联合作战能力。志愿军只有很少的炮兵，主要靠步兵集群冲锋，采用的基本上是国内战争中的“人海战术”。从伤亡统计看，最初阶段志愿军伤亡大，可在溃逃时美军伤亡加大，双方总体伤亡数量接近，这其中就体现出了这种战术所蕴含的残酷的合理性。

在诸多作战要素处于劣势的情况下，志愿军为什么能取得胜利呢？细细分析一下，也许有助于更好地把握“非对称作战”的精义：利用特定条件去改变敌优我劣的局面。

一是突然性。志愿军很好地隐蔽了出兵的意图，特别是在第一次战役后主动后撤、示弱，使敌产生错觉，达成了战略和战术双重突然性，使美军由震撼而恐慌。二是地形。在北朝鲜山地作战，机械化部队特长不便于发挥，志愿军在小路上夜行昼宿，潜至公路扼制要点，反侧往往能陷依托公路行进的机械化部队于被动。三是天候。严寒使野外生存临近人的生理极限，志愿军吃苦能力相对强一些，这使双方在供应上的巨大差距对作战影响相对缩小。四是供应线短。志愿军非机械化运输可以大体跟上作战消耗。五是目标有限。与劳师远征的“联合国军”要占领全朝鲜、全歼北朝鲜军队不同，志愿军是

“保家卫国”，一战只求消灭部分敌军，最初也主要是集中打南朝鲜军队。所有这一切要素加在一起，使处于弱势一方的志愿军获得暂时的、特定的优势。当然，这一优势只是相对于特定时机、特定战场的，因而十分不稳定。

第二次战役后，“突然性”已经不复存在。在三八线附近作战，地形有利于敌，供应线拉长而不利于我。于敌不利因素在减少，于我不利因素在增多。此时，虽然没有到达战争发生变局的顶点，但彭德怀已经对顶点的临近抱有警觉。作为湖南人他不会不知道曾国藩的“持盈之道”。因此，彭德怀于12月8日给毛泽东发电报，提议部队暂不过三八线，开始转入休整，做好充分准备，来年开春再战。

本来过不过三八线作战，主要是个军事问题，但由于大量国际政治因素的介入，使其具有了政治象征意义。在接到彭德怀电报的前一天，13国关于“在三八线停火”的倡议交给了中国外交部；而刚刚回国的驻苏大使张闻天却带来苏联“趁热打铁”的意见。三天后，联合国开会讨论13国议案。美国提出“先停火再谈判”的要求，苏共政治局给中共的电报认为这是一个阴谋。权衡再三，历来尊重彭德怀意见的毛泽东，这一次没有同意彭德怀的意见，而是决定再打一场，越过三八线。

12月13日毛泽东复电彭德怀，要求志愿军必须克服和忍受一切困难，打过三八线。他指出：“一、目前英美各国正要求我军停止于三八线以北，以利其整军再战。因此我军必须越过三八线。如到三八线以北即停止，将给政治上带来很大的不利。二、此次南进，希望在开城南北地区，即离汉城不远的一带地区，寻歼几部分敌人。然后看情形，如果敌人以很大力量固守汉城，则我军主力可退至开城一线以及以北地区休整，准备攻击汉城的条件，而以几个师迫近汉江中游北岸活动，支援人民军越过汉江歼击伪军。如果敌人放弃汉城，则我西线六个军在平壤汉城间休整一个时期。”从电报可见，毛泽东的决定是政治性的。发起第三次战役的主要因素是国际政治的波动，而第三次战役要达成的军事成果则带有很大随机性。

经过一周的讨论，志愿军总部同意发动战役。但针对当时苏联和朝鲜同志中的轻敌和速胜思想，彭德怀在 12 月 19 日给毛泽东的电报中谈了自己的看法："据我看，朝鲜战争仍是相当长期的、艰苦的。敌人由进攻转入防御，战线缩短，兵力集中，正面狭小，自然加深了纵深，对联合兵种作战有利。美伪军士气虽然较前低落，现在还有 26 万左右兵力。从政治上看，敌人马上放弃朝鲜，对其阵营是很不利。如再被消灭两三个师，可能退守几个桥头阵地，也不会马上全部撤出朝鲜。我军目前仍应采取稳进，对部队不要太伤元气。现已开始战役接敌运动，此役除运输困难，气候寒冷，相当疲劳外，特别是由山地运动战转为对阵地攻坚战，还没有进行很好的普遍教育。因为上述种种原因，我 8 日给你的电报中，提到暂时不越过三八线作战。如无意外变故，打败仗是不会有的，但攻击受阻和胜利不大的可能性是存在的。……如不顺畅，即适时收兵。能否控制三八线，必须看当时具体情况再行决定。"彭德怀服从了毛泽东的决定，但也不讳言自己对战局的看法，尽管这看法与当时的胜利气氛和克里姆林宫及平壤的见解不是很协调。从性格上看，彭德怀更适合于"横刀立马"，"挽狂澜于既倒"，而不是"锦上添花"。

12 月 31 日 17 时，中朝联军 30 万人分左、右两个突击集群向驻守三八线一带的"联合国军"发起进攻。敌军几乎是一战即退。经 7 天 7 夜战斗，战线向南推进 80–110 千米，歼敌却不足 2 万人。

1 月 3 日，刚上任几天的第 8 集团军司令李奇微下令撤出汉城。临走时，他在指挥部的墙上钉了一块布，上面写着："向中国军队指挥官致敬。美国第 8 集团军司令"。李奇微终于低下了美国军人高傲的下巴，开始平视他的中国对手，他甚至感到与这样的敌手交战带来的隐隐快意。战斗远没有结束，真正的较量才刚刚开始。李奇微确信。

在金日成为汉城光复而举杯庆贺时，在君子里矿洞指挥战斗的彭德怀对敌人迅速的撤退心生疑虑，他判断，敌人在诱敌深入。1 月 7 日夜，彭德怀断然下令：各部自 8 日起停止追击，占领有利地形，严阵以待，防敌反扑。10 日，金日成赶到君子里与彭德怀讨论继续南进的问题，被彭说服，同意就地休整补充。曾要求彭德怀"要把美国人赶下海"的史蒂柯夫得知会谈结果后，非常失望。他向斯大林报告：彭德怀“右倾保守，按兵不动，不乘胜追击”。史蒂柯夫的政客手法令彭德怀十分恼怒，他愤然表示：错了我负责，杀我的头。那时，想“把美国人赶下海”的绝不止史蒂柯夫一人。《人民日报》1951 年 1 月 4 日的社论也提出“把美国人赶下海去”。这一切压力，彭德怀只能孤独地承受。

与他农夫式憨直的外表相去甚远，彭德怀是一位颇有政治头脑的军事统帅，他总能很好地把握政治与军事的辩证关系。在全局需要而军事上有困难时，他会咬牙克服困难，服从政治需要，像对发起第三次战役的勉强性彭德怀早有认识，但为服从国际斗争的大局他便尽力去做；但当军事不利会影响全盘时，彭德怀则一定会道出自己的职业见解，坚决按军事斗争的规律办事，绝不唯唯诺诺随声附和。“将，国之辅也”，彭德怀当之无愧。

周恩来的“官方明信片”

在今天的一些对朝鲜战争的回顾中，有人常常提及中国在 1951 年 1 月曾拒绝由尼赫鲁、皮尔逊制订的一个极为有利的停火方案，并为之扼腕而叹。似乎如果当时中国接受这一方案，历史也许就会呈现另外一番风貌。但真正的历史不能假设，因此，这种时过境迁后的惋叹毫无意义，并且在很大程度上是一个美好的历史错觉。

这个由三人停火委员会起草的“原则声明”，美国人称其为“五项原则”而中国称作“五步谈判方案”（如何称呼已体现出对这一方案的不同理解）的主要内容是，首先在朝鲜停火，待停火实现后，非朝鲜的军队分阶段撤出朝鲜，在获致停火协议后，大会（联合国）将设立一个机构，其中包括英国、美国、苏联、中国四国政府代表，按照国际义务和联合国宪章规定求得远东问题的解决，其中包括台湾问题和中国在联合国中的代表权问题。

无疑，这个已将中国政府以往关于朝鲜停战前提条件概括在内的方案，若能实行，对中国是极其有利的。但问题在于，要先停火再谈判。中国担心，在实现停火后，谈判谈不起来，或进行不下去，还将继续开战。因此，1 月 17 日周恩来对联合国政治委员会 1 月 13 日关于朝鲜问题决议通知作出如下答复：

> 中华人民共和国中央政府历来主张，现在仍然主张：朝鲜战事应该经过有关各国以一切外国军队撤出朝鲜及朝鲜内政由为和平调处朝鲜问题的基础的谈判，求得迅速结束；美国武装力量必须退出台湾；中华人民共和国的代表必须取得联合国的合法地位。……但必须指出：先停战后谈判的原则，只便利于美国维持侵略和扩张侵略，决不能导致真正和平，因之中华人民共和国中央人民政府不能予以同意。

周恩来提议：

> 甲：在同意从朝鲜撤退一切外国军队及朝鲜内政由朝鲜人民自己解决的基础上举行有关各国的谈判，以迅速结束朝鲜战争；乙：谈判内容必须包括美国武装力量从台湾及台湾海峡撤退和远东有关问题；丙：举行谈判的国家应包括中华人民共和国、苏联、英国、美国、法国、印度和埃及七国，中华人民共和国在联合国的合法地位即从举行七国会议起予以承认；丁：七国会议的地点，应选在中国。……上述提议，如获得联合国及有关国家同意，我们认为及早举行谈判，对于迅速结束朝鲜战争及和平解决亚洲问题是有益的。

从字面上看，周恩来拒绝了联合国的提议，但是却提出了自己的“反建议”。对于正在与所谓“联合国军”交战的中国来说，向联合国提出的停火方案提出新方案，是很正常的事。只要仔细比较一下，联合国的方案与周恩来的答复中有许多共同点，完全可能经过磋商而达成某种协议。这当然需要双方都有和平解决朝鲜问题的诚意。除了与“联合国军”正处于对抗中的现实因素以外，中国提出这样的答复和中国共产党在国内战争时期与军调处打交道留下的历史记忆有关，在中国有所谓“马歇尔公式”，即战场上不利时就要求停火，在做好军事准备后就撕毁停火协议开战，待到军事上不利时再要求停火。尽管这样做的主谋是蒋介石集团，但支持蒋的美国也难辞其咎。回顾朝鲜内战以来，美国人在过不过三八线和美军到不到鸭绿江边等问题上也多次欺骗过中国，特别是在封锁台湾海峡上表现出的帝国主义态度，很难使中国领导人相信美国的诚意。

从目前已解密的加拿大和美国官方文件看，在酝酿和推出“五步谈判方案”过程中，美国从来就不打算接受这些条件，特别是不愿意和中国进行政治谈判。美国助理国务卿腊斯克对加拿大驻美大使休姆·朗透露了美国政府为什么不与中国举行远东问题总体谈判的原因：“美国政府认为北京政府的存在对西方世界不利，因而不愿做有可能使这个中国政权巩固的任何事情”。美国政府认为现在要是按北京政府的观点与要求来处理远东问题，“例如，归还台湾和在联合国问题上让步，就不可能使北京脱离莫斯科”，美国“希望北京现政权垮台，但又不愿公开承担任何使其垮台的义务，所以美国要做的事情是，扰乱与妨碍这个政权的活动”。美国国务院相信，在朝鲜战争问题上，只停火，不谈台湾与远东问题，尤其不承认其联合国席位，最终就能“逼垮共产党中国政权”，“这个政策会取得成功”。腊斯克还“极其神秘”地道出了美国政府作出这种成功推测的根据，是握有来自中国的“秘密情报”。他说从情报得知，“现在的政权并不像人们表面上看到的那样整体一致”，分为“亲莫斯科派”与“对苏不满的强烈民族主义派”，正在朝鲜作战的“第四野战军司令员就是莫斯科—北京轴心的坚定支持者”。他说，在东北及朝鲜的中国军队受到苏联西伯利亚军区的指挥，对中国的中央政权有“离心倾向”。美国国务院根据这些情报判断，中国内部两派势力“可能要等待一段时间才出现变化”，所以现在若对中国在台湾与联合国席位上要求让步，“只会加强北京亲莫斯科派的地位”，相反，“打败四野”就会削弱其地位。因此，美国政府现在的结论是，为了促使中共政权发生有利于美国战略利益的转变，在处理朝鲜问题的谈判中，绝对不可在台湾及联合国席位问题上对中共让步，“最好根本就不谈判这些问题”。

读到这些尘封在国家档案馆里的“满纸荒唐言”，你除了对它竟然能左右后半个世纪的世界走向报以苦涩的一笑，还能说什么？

对周恩来的答复，艾奇逊甚至等不及联合国的正式译文发表，就宣布美国政府不能接受。并主张立即就表决谴责中国的议案，将中国列为“侵略者”。英国驻联合国大使指出，中国的答复虽然令人失望，但却不是完全拒绝。中国提出了“最近的而非最后的（反）建议”，“应当加以冷静而细致的分析”，切不可“草率作出决定”。

加拿大总理圣劳伦特请尼赫鲁让潘尼迦大使请求中国对三个问题作答复：1. 中国提出撤出所有外国军队，是否包括中国军队？ 2. 中国政府是否一定坚持政治谈判应在实现停火以前就要开始？ 3. 是否把政治承认中华人民共和国在联合国代表地位作为同意举行远东问题七国会议的先决条件？按照尼赫鲁的指令，潘尼迦 1 月 19 日约见中国外交部副部长章汉夫，转呈圣劳伦特致周恩来总理信函。1 月 22 日，周恩来总理作出答复。他首先表示，“知道加拿大总理参与和平解决朝鲜问题的努力很高兴”，随后对其三个问题一一说明：“一、只要一切外国军队从朝鲜撤退的原则被接受并付诸实施，中华人民共和国中央人民政府将负责劝说中国人民志愿军部队回到本土；二、停止朝鲜战争与和平调处朝鲜问题可分两个步骤进行，第一步，在七国会议中商定有限期的停火并负责实施，以便继续进行谈判；第二步，联系政治问题讨论停战的所有条件，商定从朝鲜撤退一切外国军队的步骤和办法；向朝鲜人民建议如何实施朝鲜内政由朝鲜人民自己解决的步骤和办法；根据《开罗宣言》与《波茨坦公告》讨论美国武装力量自台湾及台湾海峡撤退以及远东有关诸问题；三、中华人民共和国在联合国的合法地位必须得到保证。”周恩来在谈话中，专门解释中方坚持停火与谈判同时开始的理由，为了保证停火生效与政治谈判同时开始，中国政府把停火实际分为三个阶段：原则上同意停火，谈判停火条件与实施停火条件。他强调指出："不论谈判的日程与内容是什么，如果实施停火而没有事先谈判决定停火条件，那么，停火以后谈判就会是长期拖延的讨论而不能解决任何问题。"加拿大外交部承认，周恩来的分析是合理的，中国关于停火与政治谈判的安排"并没有背离 1 月 13 日三人停火委员会原则声明"，加拿大政府"确实赞成"中国这一立场。原先加政府只是担心中国以军事压力进行谈判，周恩来的谈话表明中国人的态度并非人们所一般认为的那样是"明显消极而不妥协"。皮尔逊外长承认中国的这个主张与加拿大政府主张实际上是一致的，"由于中国澄清说明的积极性质，再通过美国（谴责中国）的提案，看来既仓促，也不太明智"。

周恩来的澄清信函在政治委员会宣读后"引起轰动"。但是美国代表沃斯汀贬低中国答复的价值，说周恩来的信函"只不过是张官方明信片"。一些国家希望中国政府进一步澄清答复中的"含糊之处"，以进一步确立中国立场，美国政府则"坚决反对任何寻求澄清中国复文的行动"，相反，要求联合国立即行动起来指责中国，并于周恩来信函发出仅两天后，即 1 月 24 日，纠集厄瓜多尔、委内瑞拉、巴拉圭等拉美国家发起"谴责中国侵略提案"。同时，美国以退出集体安全体制、减少美援为条件，威胁加拿大等国迫使其支持美国。加拿大外长致电印度外长，为加拿大转变立场向印度道歉承认由于考虑到对集体安全体制和与伟大邻国的关系，在是否谴责中国人这个问题时，"除了答'是'以外，我们不能做别的"。

如果从当时电报驰返、幕后交易充斥的外交场合还很难看出美国人并未准备与中国谈判解决朝鲜问题的话，战场上的情况则一目了然。从 1 月 15 日起，美军就在进行试探性进攻。10 天后，1 月 25 日，李奇微的全面进攻——"霹雳行动"——终于拉开战幕。

可以说，中国在朝鲜战争中从来没有得到过能够一揽子解决"台湾和联合国席位"的机会（这正是中国想要并极力争取的）。因为这个机会在当时还紧紧掌握在美国人手里，而美国人并不想与刚刚打疼它的"红色中国"妥协。就像腊斯克对加拿大大使所说的，是让北京政权继续存在还是推翻它，“这才是问题的关键”。在当时极端仇共的美国政治气氛下，连美国国务院的外交手腕都被视为“最彻底的投降”。要想在那时通过麦卡锡之流把持的国会获得美国对中国的让步，不啻缘木求鱼。对此，作为谈判大师的周恩来看得很清楚。因而，活在今天的人们不应想当然地认为，当时的中国领导人会那么“好战”——拒绝了别人想送给中国的东西，却准备在战场上掠取它。

有 50 年的时间作距离，可以更清楚地看出谁的判断更接近事实。一些问题在当时是预见或是预言，而到了今天已成为历史或仍是现实：

停火问题：经谈谈打打、打打谈谈 2 年后才形成了协议；

驻军问题：美国军队现在仍是唯一留在朝鲜半岛上的外国军队；

席位问题：中国的联合国席位要到 20 年后才会解决；

台湾问题：美国仍留下“台湾关系法”的尾巴，使其至今无法解决。

美国人不会给中国人任何他不打算给你的东西，哪怕它本来就属于你，就像今天他仍不把台湾问题视为中国的内政一样。到 1996 年，美国仍会派航母编队到台湾海峡示威；你能设想在 1951 年它会按毛泽东的意愿从台湾撤走吗？

在 1951 年 1 月，中华人民共和国被排除在联合国之外，那种为国家生存而战的孤独感，是已经“加入国际组织并在其中担负重要职务”的今天的中国人难以理解的。就像在优雅的亚布力高山滑雪场穿着鸭绒衣的游客无法体会穿单裤和胶鞋在长津湖冰面上潜伏的志愿军战士的感受一样。

第四次战役（1951 年 1 月 25 日–4 月 21 日）

李奇微发现了“阿喀琉斯之踵”

李奇微在圣诞节前得知了沃克将军的死讯和自己被任命为第 8 集团军司

令的消息，当时他并不知道这是他一生中最好的圣诞礼物了。正是这个任命，不仅使他跨上了自己军事生涯的巅峰，而且也因即将与彭德怀对峙，并在日后接替麦克阿瑟使他最终得以跻身名将的行列。

平安夜他是在飞往日本的飞机上度过的。他想起几天前在五角大楼讨论朝鲜战局的会议上，他放的那一炮。会议上几乎所有的参谋长联席会议成员都对麦克阿瑟的指挥表示不满，可是却没有人明确下达什么指令。李奇微问军种参谋长们：你们为什么不直接告诉他应该做什么？有人回答，那可是麦克阿瑟，他不会听我们的。李奇微接着问，你们不是有权撤掉任何一个不服从命令的指挥官吗？回答依旧是：那可是麦克阿瑟。和五角大楼的其他人相比，这位三星将军说话太直率，显然更适合当一名战场指挥官。现在他发现自己逃离了官场，感到很庆幸。圣诞节的上午，他见到了麦克阿瑟。这位西点军校的老校长对手下的这位体育教官表示出很高的热情，“大胆地干吧，马修，第 8 集团军是你的了”。李奇微像圣诞老人一样飞到朝鲜，去指挥这场显然在圣诞节前根本无法结束的但他本人却可以留下印记的战争。

李奇微知道彭德怀没有给他太多的时间。

他借助一架轻型飞机、一架直升机和一辆吉普车，在两天时间里会见了所属各军军长和除南朝鲜首都师以外的各师师长。他问这些军长和师长对发动一次大规模进攻的看法，得到的回答是，现在无论实施何种进攻都会归于失败。除了悲观的气氛笼罩外，李奇微也发现他的部队在思想上、技术上都完全没有做好进攻准备。他在名为《朝鲜战争》的回忆录中写道：

> 这里看不到一支信心十足、决心取胜的军队所表现出来的那种特有的热情、活力和朝气。……这是一支仓皇失措的军队，对自己、对领导都丧失了信心，不清楚自己在那里干什么，老是盼望着能早日乘船回国。

当时第 8 集团军已经丧失斗志，李奇微上任后得到的第一个报告就是准备如何撤退的计划，而对当面敌情标记则只画了一个鸡蛋大小的椭圆，上面写着“17.4 万敌军”。他到朝鲜后第一次在第 8 集团军指挥所吃饭，许多军官陪同这位新到任的司令走进饭厅，餐桌上的用品让李奇微大吃一惊。餐桌的台布是一条床单，盛饭的餐具是朝鲜瓦罐。他不禁勃然大怒：“美国第 8 军司令部成了狗窝，军官就像丧家犬。连吃饭用的和床上用的东西都分不清了。看来你们已经在战争中丧失了军人的荣誉感，指挥所的军官丢掉了军人的自尊，你还能指望前线的士兵保持信心和斗志吗？”

李奇微对手下的军官说，如果我们的步兵老祖宗真能睁开眼睛，看到自己军队目前的状况是会气得在坟墓里头打滚的。他用尽一切努力去鼓舞士气。他穿梭般地坐着吉普车视察部队，让全军都看到穿着海军陆战队的衣服、胸前挂着两枚随时可以拉弦的手榴弹的新司令。他命令将厨房挪到部队附近，以便为士兵供应热餐；让直升机给要写信回家的士兵送来信笺，他还随身携带许多手套以便送给路上遇到的每一个缺少手套的人。他对部队士气的关心一点不亚于中国军队的政委。

李奇微心里十分清楚，没有比打胜仗更好的鼓舞士气的办法了。因此，他鼓励每一次冒险的进攻行动。在第三次战役于 1 月 8 日结束后一周，他就批准了美 1 军采取的“猎狼犬”行动，即派出连、营规模的部队，采用摩托化行军方式袭扰志愿军，以进行试探性进攻。

而李奇微自己则更多的是在仔细地琢磨自己的对手。他在给陆军参谋长柯林斯的信中说，“除非你不仅从空中而且从吉普车上看见地形，否则就难以想象作战的困难。但是，对手却想尽办法支持战争，似乎从来不缺乏弹药，后勤系统川流不息地装运沉重物品。当然，他们是靠人力搬运并利用各种当地的运输工具——牛、骆驼、马和两轮车。在这一切的背后，最有影响力的是某种类型的东方思想。如果我们面临战斗，我们必然也要找出许多同样的办法并大规模地运用。”

当时美军对中国军队的评价是：1. 火力极弱。步兵是冲击力的骨干。其步兵训练有素，惯于作战，特别是擅长于夜战。伪装技术卓越，侦察员的侦察能力出类拔萃。2. 其战法，通常是认识到自己火力的劣势，下功夫弥补这一不足，进攻一般是在切断我退路之后，同时以侧后和正面进攻相配合。另外，还擅长于“倒八字战术”（“口袋战术”），就是预先采取措施阻止敌人的增援，然后诱敌进入“V字形”之中，从两侧实施围攻，用此种办法在温井、云山、楚山的战斗中取得了很大成功。防御极其顽强，其天赋的土工作业能力和伪装技术提供了帮助。3. 山地行动能力特强，迫击炮使用得熟练，有克服困难的精神，富于欺骗手段。4. 中国军队还远不能称为现代化军队，可利用的弱点很多。

敌人究竟有什么弱点可以利用？他一边看着朝鲜地图一面查看作战记录。他在作战记录上看到了下列的记载：

> 第8集团军第一次向鸭绿江的进攻，从1950年10月25日遭到中共参战部队伏击，大规模战斗从26日开始，至11月2日第8集团军主力撤至清川江以南为止，历时8天；第8集团军第二次向鸭绿江的进攻，从11月25日夜开始遭到中共军队的攻击，战至12月2日，中共军队就停止对溃败的“联合国军”的攻击，历时8天；第三次是中国与北朝鲜军队于12月31日黄昏全线向“联合国军”发动大规模进攻，战至1月8日，中共军队即停止了攻击，历时8天。

这些相同的作战周期说明什么问题？难道仅仅是巧合吗？李奇微通过思考，终于得出了一个了不起的对志愿军来说几乎致命的结论：

> 中国军队不具备长时间进攻的能力。显而易见的是，由于“联合国军”的空中优势使得中国军队的运输时断时续，甚至不得不靠人力、畜力，沿崎岖的山道，肩扛背驮。而在紧张的进攻战斗中，中国军队的弹药、粮食几乎全靠作战兵自身携带，一旦粮、弹消耗完毕，而补给又不及时，那么进攻随即停止。这就是中国军队的攻击锐势只能保持一个星期左右的原因。

发现了志愿军这种因供应困难形成的“礼拜攻势”的规律，以及因没有制空权只能在夜间作战的局限，没有现代武器装备要靠人力弥补火力不足的弱点，李奇微感觉找到了对付中国军队的窍门。1 月 17 日，美国陆军参谋长柯林斯到朝鲜视察，李奇微对他谈了自己的研究心得，觉得现有兵力可以在朝鲜坚持下去。当柯林斯把李奇微的看法带回华盛顿时，他听到一片如释重负的叹息声。

在动脑筋琢磨敌人的同时，李奇微也琢磨自己人，思考如何选配自己手下的指挥官，与需要精兵相比，眼下他更需要强将。他采取了大胆的“组织措施”，在很短的时间里，连续换掉了美 1 师、美 2 师、美 7 师、美 24 师、美 25 师 5 个师的师长，连刚刚上任 1 个月的美 2 师师长麦克卢尔将军也被毫不留情地撤换了。李奇微选了一批有冲劲的年轻军官来贯彻自己的作战意图。他也像毛泽东一样懂得“正确路线确定之后，干部就是决定性因素”的道理——作战决心确定之后，将领就是决定性因素。

现在李奇微觉得可以和彭德怀交手了。

在上任后的一个月，即 1951 年 1 月 25 日，李奇微发起了名为“霹雳行动”的攻势。在进攻中他改变了以往让南朝鲜军打头阵的套路，而采取美李军混编，并以火力凶猛的美军为主攻，实现了以往进攻所没有的锐势。

李奇微的进攻出乎彭德怀的意料。据彭德怀的安排，志愿军在第三次战役后休整两个月，尔后发动春季攻势。他估计，若志愿军不前推就敌，美军也不会主动进攻。在李奇微开始进攻的那一天，中朝联军正在君子里志愿军总部召开联合作战经验总结会（亦称高干会），志愿军各军军长、人民军各军团长都参加了会议。27 日，彭德怀下令停止休整，准备作战。当天夜里，他给毛泽东发报，不反击，难阻止敌北进；若对敌反击，一则破坏整训计划，二则准备不够，甚感勉强；可否北撤 15 ~ 30 千米，发表拥护限期停战的新闻。28 日，毛泽东回电，不同意北撤，而主张发起第四次战役（30 日，斯大林给毛泽东发报：“从国际的观点看，不让敌人占领仁川和汉城，以便中朝部队给敌进攻部队以重大打击，是完全合适的。”）。彭德怀按毛泽东电报部署了第四次战役。彭德怀在 1 月 31 日给毛泽东的电报中说，“第三次战役即带若干勉强性（主要指官兵深感疲劳），此次战役则带有更大的勉强性，如主力出击受阻，朝鲜战局有暂时转入被动的可能”。

这时的彭德怀感到遇上了劲敌。李奇微一上来就与他争夺曾稳操于己手的战场主动权，迫使他在没有充分准备的情况下匆忙应战。他开始对李奇微刮目相看。

在新进攻战役中李奇微采取了他的新发明——“磁性战术”，即利用美军的机动性优势，既不硬顶，也不多撤，与对手始终保持接触，让你攻不远也脱不开；当志愿军开始进攻时，他回缩一下，待 7 ~ 8 天后，他再进行凶猛的反攻；在每一天的战斗里，昼间积极与志愿军作战，到傍晚脱离接触，利用机械化行军后撤约 30 千米（正好是志愿军一夜行军所能达到的距离），等到白天再凭借空中打击向前推进，使志愿军无法发挥夜战优势；在战斗中他采取“火海战术”，利用美军火力优势，运用炮兵、航空兵和坦克火力对志愿军进行密集而猛烈的火力突击，以杀伤有生力量。

从职业军人的角度看，李奇微无疑是一个出色的战术家。作为战场指挥官能成为战术家是一种很高的境界。直到今天，他对当面敌人研究的方式，对每个战场指挥官仍有教益。

杨迪在横城捡了一次“洋捞”

面对“联合国军”23 万大军突然进攻，中朝军队仓促应战。彭德怀采取的是“力争停止敌人前进，稳步打开战局，并从各方面加紧准备，仍作长期艰苦打算的方针”。

具体的战役决心是：以一部分兵力在西线进行防御，坚决顶住美军主要集团的进攻；在东线则让南朝鲜军深入，造成有利于我歼灭突出之敌的态势。集中我军主力实施反击，争取歼灭南朝鲜军一两个师，随即向敌纵深突击，从侧翼威胁西线美军主要进攻集团，动摇美军的进攻，迫使敌停止进攻，争取制止敌人于三八线以南，或三八线附近一线。战役行动的部署是：决定组成东、西两个集团，西集团（“韩指”）由韩先楚副司令员指挥三十八军、五十军和人民军一军团，在汉江南岸实施机动防御，以迟滞美军的进攻，并为东线部队集中与展开争取时间；东集团（“邓指”）由邓华副司令指挥三十九军、四十军、四十二军、六十六军及所属炮兵部队，实施战役反击，歼灭横城方向突出的南朝鲜军第 8 师和砥平里之敌，而后向原州方向发展进攻；朝鲜人民军第 2、第 5 军团由金雄大将指挥在靠近东海岸地区向突出的南朝鲜军进攻。

志愿军总部作战处副处长杨迪的任务是开设东集团指挥部——“邓指”。杨迪是邓华的老部下，曾任十三兵团作战科科长。在组建东北边防军时随邓从广州到安东，然后入朝作战。他对敌情、我情都比较熟悉，是一个老练的参谋人员。在二次战役时，一一三师占领了三所里，他从地图上发现附近还有一重要关口龙源里，立即向彭德怀报告，彭即令一一三师再占龙源里，保证了战役意图的实现。杨迪把“邓指”设在洪川西南花田里的一个只有几幢民房的小山村中，他为了试试敌飞行员的反应，特意让人在白天生火做饭，看见敌人没有轰炸才敲定下来，可见此人心思之细。当时的供应十分困难，前线的战士已经是“一把炒面一把雪”，总部人员也没有多余的粮食。东集团召开军、师长作战会议开到深夜，杨迪想法给与会者准备了一桶热汤面，却规定一人只许喝一碗。军、师长们表示，为了报答这碗热汤面，打了胜仗一定给指挥部送点美国罐头来。

按照“西顶东放”的部署，“韩指”所属第五十军和第三十八军在汉江以南进行了 20 多天大规模阵地防御，以阻止向汉城进攻的美第 1 军。防御战开始时，部队按照国内战争时的方式修筑了野战工事，并在一线配备了较多的兵力，结果在敌“火海战术”的打击下，前沿兵力往往在几轮炮火后就杀伤过半。剩下的人员要依托残破工事抗击在坦克、飞机掩护下的敌步兵，常常是人地皆失。吸取教训后，改为对前沿部队兵力疏散配置，火炮也分散隐蔽，待敌步兵抵近阵地时再突然开火，收效甚著。对白天失去的阵地夜间再反击夺回，这样不仅减少了伤亡，也有效地抗击了美军攻击。经过 14 天节节阻击，美第 1 军只向前推进了 18 千米，还付出重大伤亡的代价。

当汉江南岸激战时，东线南朝鲜军的三个师和美 2 师一部已进至横城以北，形成明显的突出部。按预定计划， 2 月 11 日，东集团六个军在邓华指挥下以迂回穿插战术，向该敌发起攻击，战斗进行得十分顺利，歼灭南朝鲜军第 8 师的三个团和美 2 师的一个营，击溃南朝鲜军的第 3、第 5 师。在两天一夜战斗中，共俘虏南朝鲜军 7500 人，美军 500 人，毙敌 1.2 万人。横城反击战是在抗美援朝战争中，俘虏南朝鲜军队数量最多的一次战斗。

但是两天以后的砥平里之战却打得不理想。一是敌情没有搞清，以为是南朝鲜军，一打才知道是美 2 师第 23 团、法军营外加一个坦克中队，共计 6000 余人；二是轻敌，以为敌军一打就跑，不会固守，没承想会碰上硬钉子；三是协调不好，攻击部队有 6 个团，却分属 3 个军，没有统一行动。此外还因火力太弱，一共只有十几门炮，每门炮只有 20 ~ 30 发炮弹，无法对敌实施火力压制。这些还只是志愿军自己的总结。其实，更重要的是，李奇微算准从 11 日至 15 日，战斗已经打了 5 天，志愿军的“礼拜攻势”即将结束，可以将战役预备队全力支援砥平里，而不必顾及其他。这一仗李奇微赌赢了。《美国现代陆军史》写道，“李奇微是一位具有作战灵感的将领，他能把他的军长、师长培养成具有战斗精神的军官，并通过他们传授给全军……李奇微还进行了十分有益的战术调整，有些调整是很简单的，他的战术要求最大限度地利用火力，包括航空兵和炮兵的火力，在有组织的进攻中削弱敌人。”2 月 16 日，反击发起 6 天后，彭德怀下令全线撤出战斗。

在撤退前，杨迪跑到横城去打扫战场。在国内战争时，蒋介石是解放军的“运输大队长”，部队可以取粮草、取装备于敌。在朝鲜战争中，美军为不让作战物资落入志愿军之手，每次失败后都要派飞机轰炸战场。在第二次战役后，美 2 师在价川公路上遗弃的几千辆汽车都被美空军炸毁，几十千米的山路烧得像一条火龙。横城反击打的是南朝鲜军，美军还没有派飞机来炸，因此战场战利品很多。杨迪虽然只带来三个司机，结果却开回去两辆中吉普、两辆大卡车，上面装满了罐头和军用品。其中一辆中吉普日后便成了邓华的坐骑。

第四次战役还在进行中，彭德怀突然于 2 月底被召回国内汇报工作，这件事在今天仍被说成是正常的例行汇报。但细考起来，其意义却十分深远。因为彭德怀此次北京之行，与毛泽东、周恩来等中央政治局常委谈了“我们的朋友和同志对不乘胜追击”的看法，谈了志愿军作战的困难，谈了李奇微战术的变化，谈了要组织第二番部队入朝作战，谈到应暂时避免战役性出击等广泛话题，使毛泽东等中国领导人对朝鲜战争的艰难程度有了确切认识，对盟国间在战场上的复杂关系有了更深的认识，从而确立了新的战略方针。

根据毛泽东指示，作战方针调整为“坚持长期作战”，“能速胜则速胜，不能速胜则缓胜”；作战目标亦从所谓“把敌人赶下海”，变成大量消耗敌军，“使其知难而退”；国内对前线的支援必须进一步增强，要立即组织第二番作战部队入朝。这些思想上的战略性转变，标志着在战场上将出现重要的变化。

这次中国政治和军事领导者的独特沟通，对战争的指导具有重要的积极作用。而此时华盛顿和东京却正陷入了相互指责之中。

“烂醉如泥的夜晚”杜鲁门下达了撤职令

1951 年 4 月 9 日是个对朝鲜战争来说非常富有戏剧性的日子。这一天，美国总统杜鲁门忽然下令解除麦克阿瑟的所有职务，引发了当时美国最大的政治风波。对许多美国人来说，这是突如其来的风暴，但对杜鲁门来说则是由来已久。

杜鲁门是一个有点儿小心眼的大人物。刚刚当上总统几天，他就下令对日本的停战协议应该由麦克阿瑟在“密苏里号”战舰上举行，这既和了美国陆军与海军之间争夺荣誉的稀泥，也让自己的故乡密苏里名扬世界。杜鲁门像一个出自小地方的倔汉子，喜欢和名人打交道，但又怕被别人看不起。仁川登陆成功后，杜鲁门非要见见那位名声如日中天的五星将军。他甚至带有几分谦恭地询问，会谈地点一个在夏威夷，一个在威克岛，您看哪个更合适？麦克阿瑟毫不客气地选择了要让总统而不是他本人必须多飞几千千米的威克岛会面。艾奇逊觉得这太像一次朝觐而托词不去，可杜鲁门还是非常高兴地去跟麦克阿瑟见了面，行前甚至专门挑选了 10 磅麦克阿瑟和他夫人都喜欢吃的布隆糖作为礼物。对麦克阿瑟因在 1948 年曾经参选总统的冒犯之举以及前不久私自去台湾访问与蒋介石见面，并时常摆出一副国王的架势来唬人，杜鲁门都一直抱着十分宽容的态度。回头看起来，这一切未免太像是欲擒故纵的权术。

因为，在解除麦克阿瑟的职务这件事上杜鲁门做得太中规中矩，不但没有丝毫的错处而且还显得是麦克阿瑟一而再、再而三地犯错，在美国历史上还没有一位司令官能像他那样多次抗命，让人感到解除麦克阿瑟的职务实在是不得已而为之。所以，当抗议电报铺天盖地，国会弹劾之声甚嚣尘上，麦卡锡议员甚至攻击说这是总统在“烂醉如泥的夜晚”下的命令时，杜鲁门都能沉住气，他心里有底：对于抗命的将军，作为总司令他有权这么做。早在 1950 年 12 月，麦克阿瑟就提议要把战争扩大到中国，而且还要启用台湾的蒋介石部队。对此杜鲁门专门要求参谋长联席会议给各地司令官发去一份电报，要求他们未经请示华盛顿，不得发布有关政策的“讲话、新闻稿或公开声明”。圣诞节前，杜鲁门又给麦克阿瑟带过一封信，在夸了他的过人才干之后，再次提醒，“就扩大敌对行动区域而言”总统有自己的想法。1 月初，参谋长联席会议两位成员到朝鲜视察，杜鲁门特意让他们再给麦克阿瑟带了口信，再次提醒这位喜欢乱说话的将军管好自己的嘴巴。

3 月 15 日美军重占汉城。杜鲁门觉得可以与中国进行和谈了。他在 3 月 20 日拟了一个政策声明，并开始悄悄地与盟国商议。参谋长联席会议将原稿作为密件发到东京。谁知沉寂了刚两个月的麦克阿瑟便按捺不住，抢先在 3 月 24 日发表了一份声明：准备以个人开出的条件与北京和谈。而他的声明基本上就是对中国的“最后通牒”。麦克阿瑟的举动不但使杜鲁门的和平努力化为泡影，而且公开了他与政府政策的不合。这一切都使杜鲁门的忍耐达到了极限。但这时麦克阿瑟意犹未尽地又给参议院共和党领袖马丁参议员写了一封信，这位参议员马上在参议院会上说，“我有义务把我从一位伟大而可靠的人士处获悉的消息告诉美国人民。”这个消息就是麦克阿瑟对政府进行了全面攻击和提出了让国民党军队到朝鲜前线作战的要求。结果这封信变成了压死麦克阿瑟这头骆驼的最后一根稻草。杜鲁门终于忍无可忍，决心要解除麦克阿瑟的职务。经验老到的艾奇逊向杜鲁门建议，先听听参谋长联席会议的意见。参谋长联席会议开会后，马歇尔向总统报告，各军种参谋长一致建议解除麦克阿瑟的一切职务，由李奇微接任。杜鲁门于是在4月9日下令：

总统致麦克阿瑟将军：作为总统和美国军队总司令，我有责任撤换你盟国最高统帅、“联合国军”总司令、远东总司令、美国驻远东陆军司令官等职，对此深感遗憾。

您应将所任各职移交马修·李奇微中将，立即生效。你有权下达为你前往所选择的地方所需下达的命令。

撤换理由将在上述电文送交你时，同时公布。

这个非同寻常的命令在下达的时候出了一点岔子。当杜鲁门得知《芝加哥论坛报》已经知道有关撤职的消息并准备公布时，决心不让爱面子的麦克阿瑟先得到消息而主动辞职，他要的就是将这位狂妄自大的将军撤职的效果，于是他命令布莱德雷尽快传达此命令。想给麦克阿瑟留点面子的布莱德雷把命令传给正在朝鲜的陆军部部长弗兰克·佩斯，让他立即飞往日本向麦克阿瑟本人宣布。但佩斯被一场冰雹困在朝鲜的帐篷里。白宫的新闻秘书却在匆忙间召开了记者招待会，向世人发布了杜鲁门误以为已经发到东京的电报。结果，麦克阿瑟是在一位副官听了新闻广播后才得知这一消息的。而这时，差不多整个世界都已经先于他获悉了这一令他终生蒙羞的消息。就这样，这位五星老将军麦克阿瑟唱着“老战士永不死”的兵谣黯然谢幕。若干年后，他还愤愤不平地回忆起这段屈辱经历：从来没有哪个仆役被如此无情地解雇……

政治从来就不纯粹。撤销麦克阿瑟的职务这件事，很难说没有个人恩怨糅杂其间，但主要的原因却是麦克阿瑟不自量力地挑战了杜鲁门的基本政策。

在全球遏止苏联的扩张，这是杜鲁门的基本政策。因而必须维持朝鲜战争的局部性和有限性，不能把战争发展成同红色中国的全面对抗。且不说理智与狂热的区别，仅就战略重心而言，杜鲁门对麦克阿瑟的“亚洲第一”的看法便十分抵触，在他心目中欧洲分量当然要重得多。

杜鲁门这一政策，被当时还陶醉在让敌人“无条件投降”胜利中的美国人视为“绥靖政策”，因此杜鲁门还要费力地与马丁、麦卡锡周旋。4 月 4 日，他刚刚让国会通过法案，准备派 4 个师到欧洲去充当北大西洋公约组织的骨干。在关键时刻，怎能容忍一个貌似全局在胸而实际是自命不凡的将军指手画脚、惹是生非、破坏大局呢？作为一个在与中国打仗时期当政的美国总统，杜鲁门永远不会被中国人看成和平天使，但他极力控制着战争的范围，几次扬言要跨过但最终守住了核门槛，有这两条，他也许就不该被当作魔鬼。

不过，在撤换了战地统帅后长出了一口气的杜鲁门，是否意识到这并非解决朝鲜问题的根本办法呢？因为他那著名的撤职令下达之后，在遥远的朝鲜，战争还在激烈地进行。尽管官升一级的李奇微充分利用美军火力和机动性的优势，接连向志愿军发起了“屠夫行动”和“撕裂者行动”，这些猛烈的攻势除了把战线向北推了 100 千米外，并没有达到更多地杀伤中朝军队有生力量的目标，与整个第四次战役中朝军伤亡 5.3 万人相比，美李军伤亡 7.8 万人，代价显然比对手更高。此时的李奇微也意识到了他的新战术的局限性：随着战线北推，志愿军供应线开始缩短，一切便又都可能发生逆转。

不久，志愿军大批生力军入朝，美军于 4 月 21 日停止了攻势。第四次战役结束。

第五次战役（1951 年 4 月 22 日–5 月 22 日）

范弗里特和“范弗里特弹药量”

第五次战役的开始与第四次战役的结束在时间上只差一天，简直就像无场次话剧，前一场的灯光刚刚转暗，后一场就已经开演。对在朝鲜的美军来说，灯光再亮时，台上的主角已全换过了——麦克阿瑟被撤职，他的职位由李奇微接任，而李奇微的职务又由范弗里特接替。

李奇微能走到这一步，并不是他在政见上与麦克阿瑟有什么不同。和麦克阿瑟想扩大朝鲜战争的范围、希望把台湾军队引入朝鲜战场一样，李奇微也希望这么做。唯一不同的是他恪守职业军人的规矩。李奇微把自己的意见以所谓“困难中的旧友的申诉”这一私人信件形式寄给陆军参谋长柯林斯，而不像麦克阿瑟那样直接捅给新闻界。麦克阿瑟喜欢政治，却不懂得政治；李奇微不喜欢政治，却明白政治是什么。他知道作为职业军人要保持的政治边界，而麦克阿瑟不知道这一点，或是不愿接受这一点。这大概就是两个抱有同样见解的人，一个被撤职，而另一个却获晋升的原因。

范弗里特对政治更不感兴趣，因此，甚至于有人说他缺乏全局观念，在这场政治性很强的战争中，他作为现场指挥官未必能够胜任。但实际上，美国军方需要的就是能够打仗的指挥官，而不是一个政客。范弗里特的任命，布莱德雷起了重要作用。在诺曼底进攻战役时，范弗里特是拥挤在奥马哈海滩的美国第 29 步兵师的团长，战斗中，在他的老同学布莱德雷撤掉了前任师长并任命范弗里特为代理师长后，整个师就像突然醒了似的向前推进。可当布莱德雷要把他正式晋升时却受到了马歇尔的反对。原因让布莱德雷感到哭笑不得，马歇尔把一个叫范福利克的酒鬼当成了这个范弗里特，因此担心他酗酒的毛病会影响战斗。布莱德雷解开这个误解后范弗里特总算得到了这个迟到的任命。这时他的同学已大都晋升为二星或三星将军。但好饭不怕晚，这位命运不济的西点生忽然时来运转，在 9 个月时间里从团长升到军长。在布莱德雷看来，他的同班同学范弗里特是“又一个李奇微，是一名优秀的战士和指挥官”。

4月16日，范弗里特走马上任，成为美军第8集团军司令。

如果说，第四次战役是被迫应战。那么，第五次战役则是中朝军队一次主动的大规模进攻。

由于得到美国从国内增兵朝鲜的情报，彭德怀知道美军有两个师已运到日本，南朝鲜军新组建的三个师也正在日本编组训练。美军还有可能在朝鲜东海岸元山和西海岸镇南浦北一带登陆，东西对进，截断朝鲜蜂腰部，与正面进攻之敌前后夹击中朝军队。

当时，志愿军第二番作战部队第三兵团和第十九兵团六个军已经到达朝鲜，彭德怀感到应先发起第五次战役，消灭当面之敌几个师，以打破敌人在我后方登陆，前后夹击的企图。因此，第五次战役的发起较前几次战役更为仓促。按彭德怀后来的话说，“打得急了一些”。

从4月22日战役发起到28日，经7天7夜战斗，志愿军在西线推进50千米。但敌收缩较快，我仅歼敌2.3万，且无一建制美军团。美军8个师退守汉城一带，形成火力占绝对优势的重兵集团。彭德怀见在西线歼敌机会已失，决心将主力东调，打东线的南朝鲜军。

经数日行军，中朝联军于5月16日夜对东线敌军发起进攻。激战至19日，歼灭南朝鲜军第3师、第9师大部，击溃南朝鲜军第5、第7师残部，共歼敌1.7万。

东线战斗进行得比较顺利，在打开突破口后，由于供应困难，部队被迫停下3天等待补充，结果延误了战机。

20日，范弗里特发觉志愿军主力东移，开始猛攻我西线十九兵团。同时以美10军主力东援。

因美军是摩托化行军，从西线到东线150千米，不到一天就赶到，成功地堵住了志愿军打开的战役缺口。22日，志愿军停止进攻行动。

彭德怀在给毛泽东和高岗的电报中说，“以前各役携带5天粮食可以打7

天仗，因就地可筹措部分补充之。现在携带 7 天粮食，只能打 5 天仗，因在战斗中消耗，就地不能筹补。”可见，在当时决定战役成果的最主要制约因素，仍是后勤供应，而不是一线作战兵力。在国内战争中行之有效的大兵团作战的供应模式，已无法适应在异国的现代作战的需要。这是无数志愿军战士用鲜血和生命换来的经验。邓小平后来曾说，现代战争打的就是后勤。这就摸到了现代——大工业时代——战争的真正命脉，而当时的志愿军和他们的统帅的双脚还站在农业社会的地基上，谁也无法在战场上超越时代的限制。就像不能设想汉尼拔的象群变成坦克车一样，你无法让彭德怀去延长他的攻击时间。

范弗里特在这方面得天独厚。美国的军工厂为他提供了几乎用不完的弹药。他在给部队的作战训词中说：“防御战要以钢铁和火力屏障进行战争，不得牺牲人员。……在反冲击和进攻中希望炮手要便于散兵紧跟炸点向前跃进……要以全部火力和兵力固守现在的战线。”

在第五次战役中负责支援美第 2 师战斗的第 38 野炮营，为了掩护步兵撤退，在 24 小时内发射了 1.2 万发炮弹。美国国会对突然增加的弹药消耗专门组织了调查，结论是“在这次防御作战期间，整个‘联合国军’炮兵都发射足了超过以往补给量五倍之多的弹药量”。

范弗里特由此获得一个绰号：“范弗里特弹药量”。

天王老子也不怕的王近山疯不起来了

志愿军三兵团副司令王近山，是闻名全军的猛将，外号“王疯子”。三兵团司令兼政委新任志愿军副司令的陈赓因故未能随部入朝，三兵团暂由王近山指挥。

在战前开会时，王近山向彭德怀拍过胸脯：“请彭总放心，三兵团这次干掉他一个美军师不成问题，我保证还要抓他 5000 个美国兵。”在前四次战役中，志愿军一共也只俘虏了 5300 名美国及其仆从国的官兵，王近山的夸口，显然存在着轻敌的印记。

应该说在停止攻击前，位于中线作战的三兵团打得不错，歼灭美军两个营和一个法国营大部，牵制了美 7 师。但在撤退时出了大问题。

范弗里特和李奇微一样，也是个有战术头脑的指挥官，他吸取李奇微部队在进攻中不留间隙、一线平推的经验，同时根据战场变化搞了些小改革，组织了由坦克群和机械化步兵组成的“特遣队”，作为快速反击力量，以打击志愿军徒步撤退的部队。在第五次战役结束进攻后，他立即派出“特遣队”，利用飞机掩护，快速大胆地向纵深穿插。强占桥梁、渡口等交通要道，围捕志愿军后撤部队。

三兵团六十军一八〇师在后撤中被美军“特遣队”隔离，师领导误以为被包围，故决定全师分散突围，除师长郑其贵率一个建制营和几小部分部队突围成功外，政治部主任吴成德以及 7000 余人战死或被俘，写下了志愿军战史上最难以启齿的一笔。

这一仗王近山吃到了轻敌之苦，却也使他知耻而后勇，在日后指挥的上甘岭之战中机巧勇猛地重挫美军。

五次战役带来的经验和教训是多方面的。在第五次战役前，中朝军队的战役目标一般都确定为歼敌几个师数万人。五次战役，中朝联军以百万之师连续奋战 50 天，歼敌 8.2 万人，把战线推到了三八线附近，但自己也付出了 8.5 万人的代价。毛泽东在五次战役后总结说，“历次战役证明，我军实行战略或战役性大迂回，一次包围美军几个师或一个整师，甚至一个团，都难达到歼灭任务”。“每次作战野心不要太大，只要求我军每一个军在一次战役中歼灭美、英、土军一个营至多两个整营就够了。”

第五次战役对美国决策者也造成了不亚于前线的压力，他们看到了中国巨大的人力资源，为战争提供了似乎是用之不竭的兵力。这使他们相信，无论有什么样的军事技术优势，都不可能在战场上赢得这场战争。

由此，这场战争开始一步步走入了死胡同。在找到新的道路之前，双方都只能按战争自身的惯性继续在泥泞和血腥的战场上打滚。

1951 年 1 月 4 日，中国人民志愿军右翼突击集团攻占汉城后，中朝两军指战员在南朝鲜国会大厦前欢庆胜利。

1951 年初，美国侵略者向中朝军队发起大规模进攻。中朝军队在给养等方面极端困难的情况下，英勇顽强地进行了汉江南岸坚守防御战——横城地区反击战，将敌人阻止在三八线附近，并歼敌 7.8 万人。图为中国人民志愿军总司令彭德怀在朝鲜战场视察某高地。

汉江防御战中的中国人民志愿军防御阵地一角。

汉江防御战中的中国人民志愿军通讯兵在架设电话线。

汉江防御战中中国人民志愿军的炮兵阵地。

汉江防御战中中国人民志愿军的机枪阵地。

中国人民志愿军战士关崇贵在汉江防御战中用轻机枪向敌机开火。

在汉江防御战中被中国人民志愿军战士关崇贵（二级英雄）用轻机枪击落的敌美机残骸。

中国人民志愿军在汉江以南的帽落山阵地阻击美军的大举进攻。

中国人民志愿军在远东里阻击敌人的进攻。

中国人民志愿军在横城反击战缴获的敌汽车。

在横城反击战中战败的美军拖着死尸向后撤退。

在横城反击战中被中国人民志愿军击毁的美军坦克。

入朝作战的中国人民志愿军为粉碎敌人企图在朝鲜蜂腰部平壤至元山建立新防线的梦想，于1951年4月22日至6月10日，向“联合国军”发起第五次战役。此战役历时50天，共歼敌8.2万人，将战线稳定在三八线附近地区，从此开始了长达两年之久的军事、外交交织的边打边谈的局面。图为志愿军第十九兵团司令员杨得志（右）、政委李志民（左）在战役开始前研究作战方案。

县里地区战斗中的志愿军机枪阵地。

县里地区战斗中的志愿军机枪阵地。

1951 年 5 月 30 日，入朝作战的中国人民志愿军战士傅永甫（上）在旺方山战斗中，用 104 颗手榴弹炸死炸伤 70 多个敌人，荣立战功。

志愿军先头部队渡过临津江后，抢占制高点。

参加战役的志愿军反坦克小组。

加平战场上志愿军战士英勇冲向敌阵地。

志愿军战士向加平之敌发起攻击。

加平战场上的志愿军阻击阵地。

西线志愿军追击在逃的美 24 师残余。

志愿军战士在朝鲜翻山越岭，追歼逃敌。

在大水洞战斗中被志愿军击毁的敌大炮。

在大水洞战斗中被志愿军击落的敌机残骸。

我西线志愿军在战斗中缴获的美军第 24 师的装甲指挥车。

在大水洞战斗中被志愿军击毁的敌坦克。

大水洞战斗中被志愿军歼灭的美第 2 师第 38 团团部。

第三部 ★ 无法打破的僵局

转入阵地战（1951年6月）

邓华找到了对付“磁性战术”“火海战术”的办法

在我军战史上，师建制的部队遭受毁灭性打击的除了这次一八〇师之外，就是湘江之战的红三十四师。作为经历过湘江血战的邓华，自然比其他人更能感受到一八〇师教训的惨痛。在解放战争中，他是十五兵团司令，从东北打到广东，是战功卓著的战将。在作战中，他喜欢动脑筋，常常能最先捕捉住战机和战局的变化。在组建十三兵团时，军委确定以十三兵团的三十八军、三十九军、四十军为骨干。林彪、罗荣桓、刘亚楼联名向中央建议，十三兵团司令黄永胜难以担此重任，建议由邓华担任十三兵团司令。个中原因，除了邓华的指挥能力更出色之外，还因为黄永胜组织纪律观念差，打到广东后带几个干部偷偷跑到香港去，刚受过处分。为便于指挥，邓华把自己的整个兵团部都带到了东北，还扣留了到北京开会的原兵团副司令洪学智。可以说，志愿军总部骨干中许多人都是邓华的老部下。

邓华打仗爱动脑子，注重总结作战经验。入朝作战2个月后，他根据第

一、二、三次战役经验，写了《对美军作战的初步意见》，总结分析了美军的特点，明确了我军的作战方针，以及我军在作战战术方面需要注意的一些问题。在彭德怀的几个副手中，邓华最受彭的倚重。彭德怀回国向中央政治局汇报朝鲜战争情况时专门提到："邓华同志总结出一套经验，可以用三种方法和敌人周旋：一是快打、快撤，抓一把；二是拉锯式的反复争夺，轮番攻歼敌人；三是克敌固守，打敌反扑。"毛泽东说："邓华总结经验不错。我们有我们的优势。我们组织两番部队，轮流打。消耗敌人有生力量。"

我军在长期国内战争中形成了在大退大进的运动中歼敌的独特战法。但在山路崎岖的朝鲜，面对火力猛、机械化程度高又有绝对制海、制空权的美军，要想在运动中大量歼敌是很难实现的。在第一、二次战役中我军利用战略突然性，曾歼灭过美骑兵 1 师第 8 团、美 7 师 31 团，以后便再没有歼灭美军建制团的战例。李奇微针对我军供应方面的弱点，发明"磁性战术""火海战术"以后，对我军运用在运动中歼敌的战法起了根本的破坏作用。找到一种可以对付美军新战术的办法，这是重新掌握战场主动权的关键。

邓华在五次战役后，写了《论朝鲜战场持久战》，对如何实行持久作战的方针，对今后进行战役进攻和反击作战，以及根据美军特点和以往经验必须注意的问题都作了论述。他针对敌人专门对付中国军队的"磁性战术""火海战术"，根据敌我力量综合对比大致均衡的实际情况，建议转入阵地战，依靠巩固的阵地，抗击消耗敌人。

进入 6 月中旬以后，交战双方沿着三八线相互对峙，战线随之相对稳定下来。但中朝还没有做好打阵地战的准备，也缺少打阵地战的经验和信心。在思想上，仍然认为运动战才是基本战法，阵地战只是一种过渡性战法，没有多少人真正认识到，在朝鲜战场上，针对美军这样的敌人，阵地战是最佳的选择。邓华在这方面显然有过人的见地和打破传统的勇气。

五次战役后，志愿军积极着手准备发起第六次战役。8 月 26 日，邓华向毛泽东、彭德怀提出建议，"当前敌人已有强大纵深的坚固设防，而且是现代的立体防御，是不可小视的。如我以现有力量和装备进行攻击，其结果有三：一是攻破了敌阵，部分消灭了敌人；二是攻破了敌阵，赶跑了敌人；三是未攻破敌阵，而被迫撤离战斗。不管哪一结果，伤亡和消耗均会很大，尤其后者对我是很不利的。相反的，如敌离开他的阵地，大举向我进攻，我以现有力量装备是可以将其打垮，并求得部分歼灭的，代价也不会很大”。彭德怀根据他的建议，要求志愿军指战员学会阵地攻坚战和阵地防御战。彭德怀指出：在防御战中积极防御、节节抗击，对每一阵地进行反复争夺，用不断的阵地反突击杀伤敌人。在阵地攻坚中，应对突出部之敌，进行小型攻坚战，稳扎稳打，求得每次歼灭美军一个连至一个营。这种后来被毛泽东形容为“零敲牛皮糖”的战法，使在两年阵地战中志愿军的作战获益匪浅。

全面转入阵地战后，邓华又总结了《调整部署，加强纵深工事》的经验，提出要调整部署，加强打击敌人的机动力量建设，加强纵深工事以形成整体体系（也就是大挖坑道）。1952 年 11 月他又写了《关于积极防御作战的若干战术问题》，论述了防御组织问题、防御作战问题、对坚固阵地攻击问题。这些从实战中间总结出来的经验教训，论述精辟透彻，对实战有重要指导作用。美国出版的《韩战决策》中在谈到志愿军的节节防御战术时说，“中国军队在防御方面比广为人知的进攻方面干得更出色一些”。美军对中国军队的研究材料也写道，中国士兵都是土工作业的天才。

邓华十分敬重彭德怀，也像彭德怀一样敢于直言。志愿军总部领导研究第五次战役打法时，彭德怀的意见是战役可以早一点开始，在敌人到达铁原、金化以南的地方就可以出击。邓华和洪学智的意见是把敌人放到铁原、金化地区再打。把敌人放进一些来，就有可能迂回拦截，同时刚刚入朝的三兵团、十九兵团可以以逸待劳，多一些准备时间熟悉地形。对此彭德怀很不高兴。邓华坚持说，“研究作战方案，我们可以提出自己的看法，采纳不采纳由彭总定，定了我们就坚决执行。”彭德怀仍然坚持早打的方针。后来彭德怀曾说，第五次战役打得早了一些。这句话反过来也可作为邓华的军事直觉之敏锐的佐证。

邓华喜欢跳舞，在任西海岸指挥部司令时，白天看地形，晚上还要跳上几曲。这对于彭德怀来说是不可想象的。

1959 年，邓华因彭德怀事件牵连被撤职。“文革”后获平反，不久去世。

邓华是继彭德怀之后，中国人民志愿军的第二任司令。今天如果我们用一句话来概括邓华在朝鲜战争中的作用，那就是他的作用要比现在人们知道的都要大。

凯南，冷战思想家变成了和平使者

如果从国际政治的角度看，凯南也许是战后对国际事务影响最大的一个人。他以“× 先生”为笔名写的文章《苏联行为的起源》和他在莫斯科发回的长电报中提出的“遏制苏联”的战略思想，实际上是整个西方世界在冷战时期的策略灵魂。当时及以后一些人不管是因为愚蠢或出于哗众取宠的需要提出的比凯南更极端的政策，很快都会被人们所唾弃。而只有凯南在苏东集团解体后，被人们奉为了以冷战创造这个新世界的奠基人。

但在当时，1951 年的 6 月，凯南正在普林斯顿大学教书，坐在冷板凳上写他日后要获普利策奖的《苏联退出战争》。

从苏联回到国务院的凯南，是个特殊人物。作为国务院政策规划研究室主任，他是美国对苏联问题的首席权威，同时还是国务卿艾奇逊的老朋友。但是他感到自己并不受重视，活像一个“宫廷中的弄臣，人们只期待他活跃讨论气氛，他有讲出惊人之语的特权，被认为是老盯着反应迟钝同事的知识分子牛虻，但直到最后要作出负责任的决策时，他得不到人们对他的充分、认真的看待”。站在 50 年后的今天，从时间隧道回首望去，凯南有些预言竟像巫师般的准确。1947 年 2 月，他预言，北京不会唯莫斯科之命是从，“克里姆林宫的人们将突然发现，他们以为攥在自己手里的这一动荡、微妙的东方运动，实际上已经悄悄从他们手指缝漏走，留下的只是礼仪性的中国式鞠躬和出于礼貌的咯咯笑声”。凯南劝说艾奇逊减少对蒋介石政权的支持，他说不论蒋介石政权的崩溃如何“可悲”，也不会是一场大灾难。中国由于缺乏资源，在相当长一段时间内不会成为一个强国。但每个头脑清醒的中国人都断不可因此而把凯南视为美中友好协会的成员，他在台湾问题上的方案是：美国出兵把蒋介石军队赶出台湾，代之以成立美国的保护国——一个独立于大陆之外的政权。他说：“要像西奥多·罗斯福可能做到的那样，具有决心、速度、无情和自信。”他还提出，不要对越南采取行动。“我们自己正走到这一步，在一场无法获胜的战争中站到法国一边，在这场斗争中，法国人和我们都不会取胜，我们联合起来也不可能成功”。凯南的文件从来都是直言不讳，他认为拼拼凑凑和修修补补会破坏文件的实质内容和“内在价值”，他希望他的文件“或者是纯凯南思想，或者什么也不写”。艾奇逊不喜欢读凯南的报告，认为太冗长，太文学化，常是看一遍以后明明知道它不符合自己胃口却找不出它的毛病，只好请国务院官员把凯南的文章用官方的逻辑重新整理后，才知道凯南文件的毛病是太理想化，缺少操作性。凯南反对美国研制“超级炸弹”，他甚至提出美国应该发誓不首先使用核武器。以至于艾奇逊厉声地对他说：“如果这是你的观点，那么你就应该向国务院提出辞呈，到外面去宣传你的教友会教徒的信条。”1949 年 9 月，凯南被告知，政策规划研究室的备忘录不再直接送国务卿，而是送助理国务卿。凯南十分清楚这一变化的含义。9 月下旬，凯南告诉国务卿，他想尽早辞去政策规划研究室主任职务，从 1950 年 6 月起，他将无限期地告假，不再到国务院办公。

凯南离开国务院不久的一个周末，朝鲜爆发了战争。作为美国苏联问题的首席权威，凯南是在星期六傍晚到华盛顿看到报纸大标题时，才知道已经发生的事情。他从宾夕法尼亚的农场赶到华盛顿时，艾奇逊邀请他参加在布莱尔大厦举行的晚餐会。但后来艾奇逊的秘书尴尬地通知凯南说，出了一个差错，他的名字被从客人名单上删掉了。凯南明白自己被排挤出局了。实际上他早就知道他在决策圈子里不受欢迎。特别是他反对国家安全委员会根据并不准确的“遏制”思想用模仿来的“海明威句式”撰写指导冷战的第 68 号文件时，他就被决定国家安全政策的圈子所排斥了。

在布莱尔大厦作战会议上，人们最关心的问题是苏联下一步将会在什么地方采取行动？但是没有找到答案。能够提供最佳估计的凯南不在这里。但是凯南还是在朝鲜问题上提出了自己的意见。他主张坚决进行干预，但他认为，应该大大限制美国的作战目标：美国只应努力恢复朝鲜北方和南方之间的现状。战争应该仅限于三八线以南。8 月底，当凯南知道国务院正在起草要求越过三八线的文件，依据是估计中国进行干预的可能性不大时，他按捺不住给艾奇逊写信，称苏联人不会容忍美国人离他们的边界太近，“我们必须随时做好准备，以防苏联作出极端反应”。他甚至建议，美国通过使中国进入联合国，来稳定中国共产党。凯南写道，像现在这样，“我们与中国敌对政权的关系肯定只会促使北京和莫斯科加强而不是削弱他们之间的团结”。凯南认为，应该由联合国接纳北京以换取恢复原来的南北朝鲜边境。苏联人希望把中国置于孤立的从属地位，事实上不想让毛泽东的政府进入联合国。凯南认为美国现在不接纳中国的社会气氛是由于“中国院外集团（亲蒋介石的）及其在国会中的朋友顽固而不负责任的干预”造成的。他还提醒政府不要给麦克阿瑟过多的决策权。像往常一样，决策者们没有听取凯南的意见。像往常一样，他对劳而无功的感觉越来越不能忍受。8 月底，凯南全家收拾行李，告别国务院，又一次开始无限期地休假。他离开华盛顿，前往普林斯顿，在罗伯特·奥本海默高级研究所研究和编写历史。

中国介入朝鲜战争后使美国遭受军事惨败，在华盛顿弥漫一片愁云惨雾的时候，凯南特意从宾夕法尼亚的农场跑到艾奇逊家做客，并给他留下一封信：“亲爱的国务卿：在国际生活中，像在私人生活中一样，最重要的不是实际上一个人碰到什么事情，而是他如何对待所发生的事情。因此，几乎一切都取决于我们以什么态度来对待我们国家命运遭受的这一不容置疑的大失败和大灾难。如果我们坦率、体面地接受这一失败和灾难，学习从中吸取教训，以加倍的努力、坚定的行动来补偿这一失败和灾难——如有必要，沿着珍珠港道路，一切从头开始——我们就不必丧失我们的自信，不必失去我们的盟友，也不必失去我们最终与苏联人讨价还价的力量。”艾奇逊深受感动，他把这封信高声朗读给聚集在他办公室里的工作人员听。远离华盛顿政坛的凯南像一个孤独的智者，不断地看到自己不幸的预言准确地实现，然后他再从隐居处跑出来挽救危局。

1951年5月，美国国家安全委员会开会，研究朝鲜战争的局势，会议认为，美国无法在朝鲜赢得一场决定性的胜利，仅凭军事手段不可能解决朝鲜问题。杜鲁门于5月17日批准国家安全委员会关于朝鲜政策的备忘录，决定寻求缔结停战协定，结束朝鲜战争。艾奇逊和他身边的外交官像一群“寻找和平线索的猎狗”，到处去找能够和红色中国或者莫斯科建立沟通关系的秘密渠道，在巴黎、瑞典、香港及联合国的几处试探失败后，这时的他终于又一次想起了凯南。由于凯南当过驻苏联大使，和苏联驻联合国大使马立克私交不错，于是被艾奇逊选中去寻找一条和平线索。

再见到凯南，马立克有几分紧张，在自己家里居然把一盘水果沙拉打翻在身上，但这位老资格的外交官很快就平静下来。经过短暂的寒暄，凯南从美苏关系引向主题，他说：“我们两国在朝鲜问题上，似乎正在走向一场可能是最危险的冲突。这肯定不是美国的行动和政策的目的。当然，我们也很难相信这会是苏联的希望。”对马立克的反驳，凯南不予理会。他继续说：“我说的是现在的危险趋势应该得到制止。我看制止这种趋势的唯一办法是双方的司令官进行停火和停战谈判，我们很想知道莫斯科对于这一形势的看法，也想知道如果有什么建议的话，那将是什么样的建议。”马立克同意向莫斯科转达美国的想法。

当时美国最著名的专栏作家李普曼曾经对作为外交官的 × 先生提出的“遏制”思想进行批评，“对于一个外交家来说，认为互相角逐的不友好的强国无法实现和平，那就是放弃外交职能。”

老李普曼说得不错，作为美国在朝鲜问题上最早派出的和平使者的凯南，比提出“遏制”思想的凯南，更像一个外交官。

解方受命去开城“耐心地谈”

接到马立克的电报，斯大林决定把有关信息传递给中国的同志们。

6月3日，金日成到达北京，同毛泽东、周恩来等人深入地探讨了美方的这一最新动态及和谈的可能性。毛泽东分析说，中朝两国在军事上取得了一些胜利，打败了不可一世的美国人，先前他们不承认三八线，现在准备承认了。但是我们两国的力量不够强大，特别是没有制空权，没有足够的力量去实现朝鲜的完全统一。要美国人放弃三八线，他也不好对盟国交代。所以，我们不能拒绝谈判。金日成同意毛泽东的看法。

6月23日，苏联驻联合国代表马立克在联合国新闻部举办的“和平的代价”的广播节目中发表了重要演说：“朝鲜武装冲突是能够解决的。要做到这一点，就必须各方有和平解决问题的意愿。苏联人民认为，第一个步骤是交战双方应该谈判停火与休战，双方把军队撤离三八线。我认为，为了确保朝鲜和平，这代价不算太高。”6月25日，中国《人民日报》发表社论，“中国人民是爱好和平的，并且一直为朝鲜问题的和平解决而斗争”。同一天，杜鲁门在田纳西州发表政策性演说，表示“愿意参加朝鲜问题的和平解决”。6月29日，美国国家安全委员会向李奇微发出如下指示，并要他一字不差地准确执行：

奉总统指示，你应在30日（星期六）东京时间上午8时经广播电台将下述文件向朝鲜共军司令发出，同时向新闻界发布：本人以“联合国军”总司令的资格，奉命与贵军谈判下列事项——因为我得知贵方可能希望举行停战会议，以停止朝鲜的一切敌对行为及武装行动，并愿适当保证此停战协议的实施。我在贵方对本文的答复以后，将派出我方代表并提出会议的日期，以便与贵方代表会晤。我更提议此会议可在元山港一艘丹麦伤兵船上举行。“联合国军”总司令李奇微。

在李奇微发出广播通知以前，美国驻联合国代表已向苏联外交部通报即将由李奇微发出通知的内容，金日成获得这个消息后，于6月30日致电毛泽东，认为应通过广播答复李奇微，同意与其代表进行关于停战谈判的会晤，并草拟了答复通知的文稿，要求这个文稿由金日成和彭德怀两人共同签署。

7月1日，金日成、彭德怀发出复电：“‘联合国军’总司令李奇微将军：你在6月30日关于和平谈判的声明收到。我们授权向你声明，我们同意为举行关于停止军队行动和建立和平的谈判而和你的代表会晤，会晤地点，我们建议在三八线上的开城地区。若你同意，我们的代表准备于1951年7月10日至15日和你的代表会晤。朝鲜人民军总司令金日成，中国人民志愿军司令员彭德怀。”

经过电文交换，双方顺利达成下列协议：一、谈判地点选定在三八线上的开城。二、正式谈判日期从1951年7月10日开始。三、为安排双方代表第一天会议细节，双方各派联络官3人，翻译2人，于7月8日上午9时在开城举行预备会议。四、应对方的要求，我方负责保证对方联络官及随行人员进入我控制区后的行动安全。五、双方代表团的车队前往开城府会时，每辆车上覆盖白旗一面，以利识别。

虽然谈判即将开始，双方仍保持着高度的警惕。毛泽东指示志愿军：在谈判期间敌人可能对我来一次大的攻击，对我后方进行大规模轰炸，以期逼我订立城下之盟，如遇敌人大举进攻时，我军必须大举反攻，将其打败。李奇微则向“联合国军”下达两点特别指示：一、注意众所周知的苏联的两面性和欺骗性。二、注意像安理会这样的国际机构要采取决定性措施需要相当长的时间。希望全体将士在战场务必保持斗志，严防松懈。

中朝方谈判代表最初为4人。人民军的谈判首席代表是南日大将，另一名代表是李相朝。南日曾在苏联留学，时任人民军总参谋长。根据彭德怀提议，经中央批准，志愿军代表由邓华、解方出任。解方1930年毕业于日本陆军士官学校，当过张学良东北军的师参谋长。西安事变之前加入中国共产党，1941 年到延安后担任军委情报部的局长。在解放战争中任兵团参谋长。志愿军入朝作战后任志愿军参谋长。解方是一名出色的参谋人员，处事谨慎，工作缜密。也许因为他上过日本的军校，对外国军队有所了解，所以被选中做中方停战谈判代表。在临行前，彭德怀要求大家各负其责，“打的坚决打，谈的耐心谈”。

为了搞好谈判，中共中央还派出了由李克农、乔冠华等人组成的谈判班子。在朝鲜大使馆工作的柴成文（原名柴军武），出任志愿军联络官，为工作方便这次特意改了名字。根据中朝两党协议，朝鲜停战谈判第一线由李克农主持，乔冠华协助。因为他二人对外不出面，出于安全保密的考虑，按照中国的习惯给他们两人规定了代号。称李克农为“李队长”，乔冠华为“乔指导员”。

“联合国军”代表团参加谈判的首席代表为美国远东海军司令特纳·乔埃中将，代表为美远东空军副司令劳伦斯·克雷奇少将、第 8 集团军副参谋长亨利·霍治少将、美远东海军副参谋长阿尔林·伯克少将、南朝鲜第 1 军团长白善烨少将。

从双方谈判代表的排阵来看，每一方都尽可能派出了自己的强档“选手”，组成了停战和谈的“梦之队”。

7 月 10 日，双方代表团在朝鲜开城开始停战谈判。从谈判议程开始，双方就开始了旷日持久的争论。有的是实质性的分歧，有的则缘于双方的误解。根据最初的协议双方代表在到达谈判地点时，为了便于识别须在乘坐的车上覆盖一面白旗。在西方人看来，白旗是停战或和平中立的象征，而在东方人看来举白旗是投降的标志。当北朝鲜报纸刊登“美国代表团是打着白旗到会场来的”，使朝鲜人获得了心理上的满足，但却使美国军人感到受了污辱。此外，中国人觉得既然开始停战谈判，那么在谈判期间就应该停止作战行动。可是美国认为，如果在谈判开始的同时就停战的话，就不可能把军事上的优势在谈判中反映出来，所以应该是在正式签订休战协定后才应停战。再如原来把彭德怀称作中共义勇军指挥官，而谈判时称为中国人民志愿军司令员。美国人觉得这是想给世人一个好印象，但在中国人看来是一件再正常不过的事。在决定由谁先发言的问题上，霍治少将建议可以用丢钱币的方式决定，而中国代表认为简直不可思议。这说明东西方文化之间的交流是多么的困难。但双方毕竟还是同意坐到谈判桌前了。

也许那时候，坐在谈判桌前的解方还看不到和平的曙光，但是他知道在这里、在谈判桌前，也和在战场一样，是争取和平也是争得利益的前线。因为，就这场没有分出胜负的战争而进行停战谈判将是十分艰苦的。他必须在这里坚守。

白善烨在谈判桌上什么也没有得到

只有李承晚政府坚决反对在现阶段停战。6 月 30 日南朝鲜政府看到谈判不可避免，于是发表了一项包括五项修正案内容的声明，以明确表示其立场：1. 中国军队从现在起不再进行战斗行为或者破坏韩国财产的行为，并撤回鸭绿江北岸。2. 完全解除全部北朝鲜军队武装。3. 联合国保证任何第三国不向北朝鲜共产主义者提供军需和财政援助。4. 不仅是停战，而且出席一切有关朝鲜问题的国际会议的只能是韩国政府。5. 拒绝和韩国主权与领土统一相矛盾的协定。7 月 4 日李承晚再次声明："在三八线附近停下来进行停战谈判是绝对不能接受的。"而他的反对已无法撼动美国政府的谈判决心。对南朝鲜当局美国的态度一直很矛盾。按照保罗·肯尼迪的说法："南朝鲜政府声名狼藉，镇压人民，对朝鲜战争的发端也必须分担责任，当时却被华盛顿看成无辜的受害者。"按照最宽松的标准，当时的南朝鲜政权也不是一个民主国家，而美国却要在朝鲜为那里根本不存在的自由原则而战。为了掩盖利益的争夺，国家时常会举起道义的旗帜作为战争的理由，问题在于，美国人在朝鲜只是破坏别人的利益，而自己几乎一无所得。至于李承晚，甚至连爱国者也算不上。他一生中多次要求外国对他的国家进行托管，这是任何有民族自尊心的人都不屑的，他所考虑的只是自己的私利。显然这将对整个和谈产生十分负面的影响。当然，为了安慰李承晚，美国也表示了绝不能示弱的立场，甚至否定了李奇微提出的几项表示和解的提议，意图是尽量以实力作为背景来获取体面的停战。

白善烨原先当过伪满洲国的军官，与抗日联军作过战。朝鲜内战爆发前是南朝鲜军第1师师长，是个中国通，在第一次战役时，他最早确认中国人已经参战，颇受美国人喜欢，给他取了个“白人”的绰号。白善烨作为南朝鲜和谈代表似乎从一开始就试图把和谈搅黄。在第一次联络员会议上，他让南朝鲜的联络军官抢先占据坐北朝南的位子，暗示他们是胜利者，以此刺激北朝鲜代表。但在谈判中，白善烨却常受到轻视，他坐在乔伊将军的右边，可是每次递纸条都从他的旁边绕过去，美方代表并不看重他的意见。谈判从程序问题开始就充满了争执和对立，折射出战场上制造的刻骨仇恨。李奇微甚至交代乔伊中将：“对方好像是一群把礼仪理解为让步，把让步理解为软弱的人种。因此，您在语言的使用上有必要根据当场的气氛加以选择。”在整个谈判期间，南朝鲜政府始终坚持以各种方式破坏和谈，不断在谈判地区制造流血事件。连极力掩盖事实真相的美国人也不得不承认，“也许是亲南朝鲜的游击队制造了事件”。这种情况下，谈判当然难以进行。

8月18日“联合国军”开始了“夏季攻势”。最初的攻击由南朝鲜第1军发起。鉴于战事重开和谈判地区流血事件不断，8月22日中朝方面终止谈判。会谈中断后，范弗里特派飞机把白善烨接到前线。白对第1军最初攻击不顺利的情况进行了分析，他认为炮兵兵力不足、补给困难以及战斗指导方面存在问题。于是他又重新组织了进攻，但成效仍不明显。据美国第8军作战日记载，“白将军的部队从东面和东南面向丁字峰发起如潮水般的进攻，第一线部队比较容易地夺取了丘陵上的目标。但对立即而来的反复的反击没有有效的增援。这种缺乏果断决心的攻击和被敌人夺回，以及随后的再次攻击，一直反复地继续到范弗里特将军访问白将军的司令部并举出了他们战术上的错误时为止”。在夏季攻势中，“联合国军”付出了伤亡 7.8 万人的惨重代价，把战线向前推进了 2 ~ 8 千米。以至前来采访的美国记者把由中朝军队固守的一些高地称为“血染岭”“伤心岭”或“断肠岭”，以描绘在这些地方进行过的战斗的惨烈。作为已经开始弥漫的反战情绪，这时西方媒体对于美国军队的新闻管制也开始不满，认为他们封锁战况不顺的消息。后来写了引人注目的《朝鲜战争内幕》一书的美国政治评论家 I.F. 斯通说，“正当停战谈判看起来像取得成功的时候，美国军方发动了这场进攻，并且对此一直秘而不宣，这样说更确切些。”民意测验也像晴雨表一样，开始反映美国国内的人们对这场战争的看法，有三分之二民众认为“这是一场徒劳无益的战争”。但在当时，民众的意见和“沉默的大多数”一样，还不会对政府决策部门的战与和的意愿造成直接的压力，民众对于战争发挥不容忽视的影响力还要等到十几年后“愤怒的一代”长大成人之时。

9 月 27 日主要针对朝鲜人民军的夏季攻势结束后仅一周，10 月 3 日针对中国人民志愿军防区的“秋季攻势”又开始了。似乎为了平息外界关于美国人总是让南朝鲜军打头阵的传言，这次是美国人带头进攻。10 月 3 日，美骑 1 师、美 3 师、英联邦第 1 师，在 200 辆坦克和大量飞机支援下从铁原西向志愿军六十四军、四十七军的 40 千米防御阵地发起进攻。历经半个月争夺，美英军前进三四千米，但付出了伤亡 2.2 万人的代价。10 月 8 日这个方向的进攻被志愿军粉碎。10 月 8 日以后敌人在东线又向北漠江东面的志愿军六十七军、六十八军进攻。志愿军经十昼夜顽强抗击阻止敌人的进攻，歼敌 7600 人。10 月 13 日，美第 8 集团军集中四个师向金城以南地区进攻，激战三昼夜，仅向前推进 2 千米，但伤亡 1.7 万多人。至此，“联合国军”的“秋季攻势”被志愿军粉碎。英国《星期日泰晤士报》文章说：“美国代表越来越明白，联军已真的不能再用继续作战的办法来获得进一步的利益。”10 月 25 日，停战谈判在板门店重开。由于经过又一番战场较量，双方都冷静了许多，在谈判桌上的气氛反而比较平和。一直谈到了 11 月，经过不亚于战场争夺的激烈争论，双方都接受了按现有接触线作为军事分界线的建议。和谈总算有了一点实质性进展。

白善烨没有再回到谈判桌前，他也许真的明白了，在战场上得不到的东西在谈判桌上也得不到。

应该把勋章授给洪学智

洪学智当上志愿军后勤司令完全是被彭德怀硬赶上架的。

作为从排长、连长一路打上来的战将洪学智，与中国军队其他许多将领一样，喜欢在前线打仗，不愿意干“婆婆妈妈”的后勤工作，内心里甚至有干后勤是“不能打”的思想。在志愿军总部，洪学智原是负责司令部工作的副司令，直接参与指挥作战，虽然不能到第一线打仗，也还算差强人意。但后来被指定分管后勤，他就多次向彭德怀请求千万别让他改行干后勤，以后他还是要当军事干部。1951 年 4 月，彭德怀让洪学智回国向周恩来汇报志愿军后勤方面存在的问题，以便寻求解决办法。在第五次战役第一阶段，参战的 11 个军中，仅有一个军补足了 9 天粮食；第二阶段作战，9 个军中有 4 个军没有补足粮食，因此只打了几天就要停下来等待补充。联想到前几次战役，全军粮、弹供应仅达到作战需要的 1/4，严重影响作战效果，彭德怀决心彻底解决后勤方面的弱点。志愿军总部几位将领经过多次商议，建议借鉴外军经验，成立后方司令部，统一保障志愿军的补给供应。彭德怀让洪学智就这个问题向周恩来汇报。洪学智说：“目前欧美国家实行大后勤战略，50 千米以前是前方司令部的事，50 千米以后就由后方司令部负责。现在，美国对我后方实行控制轰炸，这也是一场战争，亟须中央增派防空部队、通信部队、铁道部队、工兵部队入朝作战，也需要成立指挥后方作战的统率机关——后方司令部。”洪学智的分析报告有很强的说服力。5 月 14 日，军委发电同意，“在安东与志司驻地之间，组织志愿军后方司令部”。军委电报明令，后方司令由志愿军一位副司令兼任。洪学智说什么也不同意兼这个司令，“我别的事干什么都行，就是不能干这个司令”。彭德怀把桌子一拍，“你不干，我干，你去指挥部队打仗”。洪学智只好顾全大局，同意兼后方司令。他总感到，这次上北京当说客成立“后司”，完全是自己给自己上的套。但后来的战事发展证明，彭德怀和洪学智此举确有先见之明。

也许是李奇微和范弗里特运用他们在欧洲作战的经验，也许是掌握了志愿军后勤供应手段作战的弱点，在发起夏季战役的同时，李奇微命远东空军发动大规模“空中封锁交通线战役”，计划以 90 天的时间摧毁朝鲜北方的铁路系统，“尽可能做到使其铁路运输线陷入完全停顿的地步”。企图以此来“窒息”志愿军。美国空军将这次“空中封锁交通线战役”称为“绞杀战”。所谓“绞杀战”是 1944 年 3 月盟国空军在意大利境内对德军使用的铁路线发动的一次空中战役的别称。因朝鲜半岛的地形、交通线的构成和亚平宁半岛极为相似，所以美国人连空中封锁计划都照猫画虎与在意大利实施过的计划极为相似。进行“绞杀战”之前，美国空军研究了中朝军队后方系统，认为在北朝鲜没有支援战争的重要工业，其主要作战物资均来自中国东北地区和苏联的西伯利亚。美军估计，在朝鲜沙里院一线以南的战区，中朝有 60 个师，每个师每天至少需要 40 吨补给品才能维持有限的战斗，因此每天就必须运输 2400 吨补给品。这些补给品主要靠卡车和火车运输。每辆卡车的容量为 2 吨，运输一天所需要的补给品需要 1200 辆卡车。卡车从鸭绿江到前线往返需 10 天，为保持连续供应，需要 12000 辆卡车。火车每节车厢载重 20 吨，每天只需要 120 节车厢就能运输所需的补给，所以看来使用火车要比使用卡车经济而且有效得多。因此，美军断定“北朝鲜的铁路运输系统对共军具有无可比拟的重要性”，遂决定对北朝鲜铁路线实施“全面的空中封锁战役”。这个战役的具体战法就是在横贯朝鲜半岛的蜂腰部划定一个阻滞地区（北纬 38 度 15 分到北纬 39 度 15 分），将南北交通干线 7 条主要运输线分为三个责任区，分别由第 5 航空队、海军陆战队第 1 航空队和第 77 特混舰队的舰载机进行轰炸，以“摧毁各条线路上的每一辆卡车和每一座桥梁”，“瘫痪 39 度线上各铁路运输终点站和前线之间地区的敌人运输，使之经常处于不能使用的状态”。美机在轰炸、封锁北方铁路线的同时，也加剧了对我公路线及运输车辆的轰炸、破坏，白天以战斗轰炸机扫射待避车辆和囤积物资，在重要桥梁、路线上空投定时炸弹和一触即发的蝴蝶弹，阻止车辆通行。夜间在公路上空投照明弹，用轻型轰炸机分区搜寻目标，进行跟踪追击。美空军扬言要摧毁“所有公路交通和每条线路上的每一辆卡车和每一座桥梁”。但名副其实的“绞杀战”主要集中在轰炸破坏清川江以南、平壤以北的铁路线，在地图上，这一地区近似于三角形，因此，这一带的铁路被称为“三角铁路”，是朝鲜北方铁路咽喉地段。据统计，9 ~ 11 月，美国空军对三角地区的轰炸逐月加剧。9 月出动 3000 多架次，10 月出动 4000 多架次，11 月出动 8000 多架次，在 180 千米长的铁路线上投弹 6 万多枚。破坏铁路网线是一个需要耐性的工作，要连续几个月内持续不断地攻击，才能看出成效。美国飞行员因天天奉命攻击铁路，便在飞行员中流传开一首歌，唱道：“我们都在铁道上干活儿。”

你不想要的坏结果偏偏要来——“墨菲法则”在战场上最灵验。从 7 月下旬起朝鲜爆发了 40 年以来罕见特大洪水，朝鲜北部清川江、大同江主要铁路桥梁被冲毁，处于全面不能通车的状态，公路桥梁也被冲毁了 50%。在这种情况下，美国空军发动“绞杀战”，无疑给志愿军的运输雪上加霜。8 月中旬，一线志愿军 13 个军存粮仅 3 ~ 6 日，二线 4 个军存粮约 10 天。9 月初，志愿军前线部队出现了饿饭现象，二线有的部队则要挖野菜充饥。彭德怀在 9 月给聂荣臻的电报中有一段话反映出前方的困难：“早晚秋风袭人，战士单着，近旬病员大增，洪水冲，敌机炸，桥断路崩，存物已空，粮食感困难，冬衣如何适时运到，实在逼人，马克思在天不灵，望兄良策救我。”此时，敌人夏季攻势正猛，秋季攻势将来，前敌统帅精力不在如何应敌，而在如何解决部队吃粮穿衣问题上。在那一段时间，彭德怀口中重复最多的话是：军无辎重则亡，无粮草则亡，无委积则亡。生死存亡啊！他对洪学智说，前方是我的，后方是你的，一定要打败敌人的封锁战役。

在战场上，只有真正的军人才会懂得“外行谈战略，内行谈后勤”的道理。

9月，中央军委已探明美军“绞杀战”的企图（当时尚不知美军对朝鲜北方铁路的大规模轰炸称为“绞杀战”），指出：敌人对我铁路轰炸是作为战略企图来打算盘的，窥其企图，一为在军事上造成我持久作战困难；二为配合开城谈判对我施加压力。9月15日聂荣臻回电彭德怀，告知：除吕正操已去东北参加运输会议，负责具体解决朝鲜的抢修、抢运等问题，有一两日即可将结果电告外，军委决定：一、充实铁道兵团，已补拨新兵九千，并临时配属五个新兵团；二、保证桥梁材料，现已将修建黄河铁桥30孔北运入朝，从苏联进口桥梁材料9月20日可到两千吨，10月初还可到一批，用于朝鲜铁路桥梁抢修；三、加强倒运力量；四、加强铁路及江桥防空力量，已令空军出动作战，并苏联有一高炮师到清川江桥附近。据俄罗斯新解密的档案材料，苏联参战的空军和高射炮兵共有5个师4万余人。

在洪学智的指挥下，志愿军工兵部队和在后方休整的各军及各兵团直属队，加宽加固公路，并修建了数百千米的公路；沿途修筑了许多水下桥和汽车隐蔽所；以一个公安师和志愿军后勤各分部警卫团营，在主要公路干线上设置了防空哨，为行驶的汽车防空报警，并指挥交通。当敌机来临时，立即鸣枪或发射信号弹，车辆闻警便立即闭灯行驶。汽车司机遭敌机轰炸扫射时或躲避或在汽车附近点燃早已准备好的破油桶和易燃物假示汽车被炸燃烧，以迷惑敌机。采取这些措施既大大减少了汽车的损失，又提高了公路运输效率。季度汽车损失由入朝初期的近50%，降到1952年一季度的20.3%。公路运输能力，1951年9月至12月比4月～8月提高95%，1952年1～4月比1951年的9月～12月又提高20%。根据反“绞杀战”斗争需要，中朝双方经协商，组建前方铁道运输司令部。志愿军铁道兵抢修能力之强，就连美国空军也无可奈何地表示叹服：“共军抢修部队填补弹坑的速度可以和F-86飞行员的轰炸速度匹敌。共军从我‘绞杀战’一开始就能迅速地抢修被炸断的铁路。共军修路人员和修桥人员，已粉碎了我们对平壤以北铁路线的封锁并赢得了使用所有铁路线的权力。”

美国远东空军在总结“绞杀战”的最后分析报告中承认，“由于共产党后勤系统灵活……绞杀作战未获成就”。

1951 年 10 月 25 日，朝鲜政府为纪念中国人民志愿军入朝作战一周年，决定给彭德怀颁授勋章。彭德怀说，这个勋章应该给洪麻子。

王海们的“米格走廊”

志愿军作战一直都是“一军对三军”，即仅以陆军对付“联合国军”的陆、海、空三军，因而在战斗中伤亡很大。1951 年 3 月 15 日志愿军空军司令部在安东成立，刘震出任司令。这意味着初生的中国空军即将参战。此前，在鸭绿江一线，主要由苏联于 1951 年 1 月派出的两个师的空军部队秘密执行作战任务。我空军部队则在苏军掩护下进行实战演练，1951 年 1 月 21 日，空军第四师二十八大队在师长方子翼的指挥下，第一次与美空军作战。1 月 29 日，二十八大队大队长李汉击落击伤敌机各 1 架。这是年轻的中国空军首次击落美国空军的飞机。根据空军司令刘亚楼的计划，中国空军参战应采取“积蓄力量，选择时机，集中使用”的方针，不可过早地零星使用兵力，而应将训练出来的部队积蓄起来，在达到至少可以出动 100 ~ 150 架飞机的时候，选择时机集中使用。毛泽东同意刘亚楼的意见。后来，中国空军能够一战成名，与刘亚楼建军用兵的谋略与心机有直接关系。

1951 年 9 月 25 日，为粉碎敌人的“绞杀战”，第四师 55 架米格 -15 飞机与企图轰炸新安州大桥的上百架美空军飞机展开激烈的空战。其后两天，空四师连续出动，与苏军协同作战，使敌“绞杀战”计划严重受挫。美国第 5 联队宣称：“这三天战斗是历史上最长最大的喷气机战役，而且也显示了共产党的飞机与飞行技术已经得到改进了。”至 10 月 20 日奉命休整前，第四师共战斗出动 29 批 508 架次，参加敌我 200 多架飞机参加的大机群作战 7 次，击落美机 20 架，击伤 10 架。根据志愿军空军司令部的安排，各部队采取轮战的方式参战。第三师接替第四师继续战斗。由于吸取了第四师的经验，第三师的飞行员打得更好。大队长刘玉堤、赵宝桐创造了各击落击伤敌机 8 架的纪录；九团一大队在大队长王海率领下历经 80 多次空战，击落击伤美机 29 架，王海本人击落敌机 5 架。所率大队获“王海大队”称号，立集体一等功。第三师共击落敌机 55 架，击伤 8 架，自己被击落 16 架，击伤 7 架。在志愿军空军的打击下，美空军战斗轰炸机的活动空域骤然缩小至清川江以南，B–29 战略轰炸机从 10 月起转为夜间行动。在高射炮兵的配合下，志愿军空军夺取了清川江以北一定空域的制空权。这一地区很快便被美国人称为“米格走廊”。美国空军被迫决定，“战斗轰炸机以后不在米格走廊内进行封锁交通线的活动，此后只能对清川江与平壤之间地区内的铁路交通线实施攻击”。

曾任四野参谋长的刘亚楼，一如其在辽沈战役中缜密多思的风格，对空战战术十分重视。他认为志愿军空军经过一段时间的战斗实践，对客观认识已经比较清楚，有可能把最根本的经验教训总结出来，提炼概括出几条适用于空战的战术原则。1951 年 11 月，他在安东亲自摸索、研究和总结空战经验。参战部队每打一仗，他都参加战斗讲评会，与飞行员一起研究作战的经验教训。志愿军空军司令刘震认为，大编队大机群出战很笨，不灵活。敌我双方一接触，即被打散。打散以后，保持四机协同作战的较少，一般只能保持双机协同作战。一旦形成单机就很不利。凡是被击落击伤，多半是单机活动。因此志愿军空军应当采取多批小编队，分梯次进入战区，集中兵力于一个空域，并力求保持四机和双机协同作战。这样就灵活得多，也容易掌握主动权。刘亚楼根据飞行员的作战经验草拟了“一区两层四四制”空战战术原则，后又改为“一域多层四四制”空战战术原则，其基本含义是：同批同梯队出战的机群，以四机为单位，按不同间隔、距离、高度，采取层次配备（最少配置二层），构成小编队、大纵深的战斗队形，按照统一的作战意图，以长机为核心，在目视联系和战术联系的范围内，保持一域，协同作战。对此刘亚楼作了生动的比喻，他说：“可以在飞行员中把领队长机形容成一群蜜蜂的蜂王，机群内的其他飞机应该像蜂子。蜂王飞到哪里，蜂子就往哪里飞，任何时候都不分散。”使我们的机群，能团结得像蜂群一样。他解释说，“四四制”战术的基础是发扬集体主义精神，实行双机掩护双机攻击，双机本身可以互补，双机与双机之间也可以互变，轮番互相掩护攻击。实践证明，这是克敌制胜的有效战法。这种战术在现在看来当然有它的历史局限性，但在当时却可以看出中国空军从司令员到飞行员对于空中战术的重视程度，在创建之初就已有一种形成自己独特战术战法的强烈意识。这种创新精神，在任何时候都不会过时。

朝鲜战争结束后，最后的一组数字也许很能说明问题：志愿军空军自参战以来，共参加战斗 366 次，击落美国空军和参与侵朝战争的其他国家空军飞机 330 架，其中击落美机 206 架、击伤 52 架，志愿军空军被美机击落 144 架，击伤 122 架，毁伤比为 1:1.3。经过两年八个月的作战，志愿军空军由不会打仗，到学会打仗；由打小仗，到打大仗；由单一机种作战，到在朝鲜三千里江山的上空，留下了一条永世醒目的行迹。

30 多年后，已是中国空军司令的王海上将，与美国空军参谋长加布里埃尔上将见面，两位将军的手紧紧握在一起，加布里埃尔对王海说，我们在朝鲜交过手，你击落过我。王海回答，如果你再侵略我们，我还要再次击落你。

不肯说谎的沃克·麦·马胡林上校

1952 年 1 月，在朝鲜冬季最冷的月份，志愿军多次发现美国飞机飞过后，野外出现了大量的昆虫和小蜘蛛，密度达到每平方米 1000 多只。志愿军向国内报告了这一怪异现象，并于 2 月 17 日，中朝联合司令部向志愿军和人民军各部作了通报。中央军委在接到志愿军报告后，极为关注，指示志愿军搜集有关情况，采集标本培养和化验。国内专家从现场采集到的标本中发现了不属于朝鲜和中国的昆虫种类，从而确认美国军队正在播撒带菌昆虫，开始毫无人性地对其始终无法战胜的对手发动了细菌战。2 月 18 日聂荣臻就美国投撒带菌昆虫及处理意见向毛泽东作汇报的报告中说："朝鲜前方敌人投撒昆虫有三种：一为蜘蛛，二为苍蝇，三为跳蚤，播撒面积极广，在第二十、第二十六、第三十九、第四十二军防区都有发现。据专家估计，带菌昆虫以霍乱、伤寒、鼠疫、回归热可能性较大。"毛泽东让周恩来负责反细菌战工作。周恩来向全世界揭露了美国在朝鲜实行细菌战的事实。3月4日，美国国务卿艾奇逊发表声明，对此予以否认。中国从5月上旬开始公布被击落俘虏的25名美国飞行员关于他们进行细菌战作战任务的供词。最初是美空军中尉肯尼斯·伊诺克承认自己投掷了细菌弹；随后是约翰·奎因中尉。对他们的坦白，美国的舆论认为：这些自白书语言既不自然，又不合文理，显然它是在共产党的授意下写成的。

但没过多久空军上校沃克·麦·马胡林的供词让美国人有了几分尴尬。因为马胡林是第5航空大队的上校大队长，1951年10月以前曾在美国空军部部长办公室任职，了解军方高层秘密，而且他在对德作战中击落敌机21架，所以没有人怀疑他的勇气。马胡林供述，1950年11月，他奉他的上级空军部部长办公室副主任蒂尔指示，参观了马里兰州佛里德里克的狄特里克兵营，空军方面正在这里试验用飞机携带投掷细菌武器的最好办法。"蒂尔告诉我，高级军事将领，如参谋长联席会议主席布莱德雷将军，陆军参谋长柯林斯将军，空军参谋长范登堡将军，海军作战部部长谢尔曼将军，都认为细菌武器既有效又便宜，故应该加以发展，使这种武器在战争中占有一定地位。1951年10月的最后一个星期，掌管空军作战部的萨韦尔少将召见我。他说，空军参谋长命令将75架F-86 E型飞机运往朝鲜，以替换第51战斗截击联队的F-80型飞机，由你负责此项计划。这些飞机的用途与在朝鲜进行细菌战计划有关。已接到国防部和参谋长联席会议的指示，要在朝鲜进行一次有限度的细菌战役，细菌战役的目标，是要到朝鲜战场试验其效果，使用的规模，也可能根据战争的实际情况予以扩大，不同类型的飞机所携带的容器均将予以试验，在各种不同的地形和不同气候下试验，有人也希望谈判可能会受此影响，而产生一个满意效果。1951年12

月 18 日下午远东空军司令威兰将军会见我们，他说已经接到参谋长联席会议关于细菌战计划的命令，再出击将由 F–86 型飞机在较小的规模上进行细菌战，以后有可能会扩大，其他类型的飞机也将参与。见过威兰将军后，我接到被调往第 5 航空队的命令。12 月 20 日，我们到汉城，见到第 5 航空队司令埃弗勒斯特，他告诉我们，第 5 航空队将开始一个有限度的细菌战役，这关系到第 5 航空队的战斗机和轰炸机，这种攻击将在一种试验的基础上，还有可能扩大。”马胡林上校的这番供词是用标准的美式英语写成的，既自然，又合文理，更重要的是其中透露的细节是仅靠想象力无法编造的，更不是诬称共产党授意就可以瞒天过海的，于是，美国的舆论开始对此讳莫如深，一片缄默。

但事情并未到此为止。新的证据和见证人还在增加。

爱文斯上校原为第 5 航空队副联队长，曾任美国空军参谋长办公室主任格雷森道夫准将的助理。他也接触过有关美军在朝鲜实施细菌战的一些内幕情况，并都在朝鲜执行过细菌战任务。他的交代也印证了马胡林上校的证词。

只有美国官方和军方还在继续为此进行着徒劳的辩解，按照他们的说法，发生在北朝鲜的疫情是由伤寒所致，而被俘飞行员的供词，则是在被共产党“洗脑”的情况下说的一些胡话。马胡林上校在被释放后，对记者说：“我们都认为我们是国家的叛徒。我们有些人招供了，有些人则没有。那些不招供的人应当得到荣誉勋章。”显然，不招供的人指的是那些在这一问题上不肯说出真相——换言之，也就是那些在真相问题上说谎的人。在一个奖励说谎、把掩盖真相视为荣誉的国家中，那些交代过“细菌战”情况的美军战俘（有 21 名之多）担心报复而拒绝回国是完全可以理解的。

当时就这个问题进行调查的国际科学委员会的报告明确指出：“朝鲜人民和中国人民确实成了细菌武器的目标，美军应用了大量不同的方式来使用这些武器”。剑桥大学著名生化学家李约瑟博士在当时说，我有 97.5% 的把握，朝鲜战争中使用过细菌武器。1979 年，他又明确宣布：“在朝鲜战争中，生物战的办法……被美国一方尝试过。”

尽管如此，西方历史学者通常把中国对美国进行细菌战的指责认为是一种宣传。

当时加拿大籍的著名国际和平战士文幼章先生认定美国犯下了细菌战罪行，几十年后，在他过世之前，嘱咐他儿子加拿大约克大学历史系教授史迪芬·艾迪科特写一本关于美国在朝鲜战争中进行细菌战的书。史迪芬·艾迪科特经过调查了解到在美国官方档案部门有十几箱与美军在朝鲜进行细菌战有关的档案还没有解密。但他根据已经收集到的有关材料和访问撰写完成了《美国与细菌战：来自冷战早期和朝鲜的秘密》一书，该书已在加拿大出版。

战争的诡异和残忍，也包含在这些被当事人和当事国政府深藏的秘密之中。也许只有等到官方档案解密之后才能最终澄清关于细菌战的真相。就像从前不久曝光的档案材料中我们得知，美国的确曾有准备对中国使用原子弹的计划；美国远东空军曾下达对一切靠近美国军队的人群（包括平民）开火的命令；的确曾发生过美军屠杀朝鲜平民的老斤里事件，等等。

朝鲜战争已经过去50年，尘封半个世纪的秘密应该重见天日了。揭露这些战争的秘密，不是去满足今人对历史的好奇心，甚至不在于告慰死难的人们，而主要是让今天已经对战争完全陌生的人们，知道真实的战争实际上是怎么回事，从而去避免战争，珍惜和平。

从1951年11月起，战场上开始出现相对的平静，谈判桌上的斗争却变得格外激烈起来。像“不动的岩石”一样顽强的解方与朝方代表一起，先是为“修建机场”的权利，继而是为“战俘全体遣返”而与谈判对手苦斗。由于朝方最初对南朝鲜军的战俘采取内战中常用的“自愿加入北朝鲜军队和就地释放”的方式（有6.5万人加入了北朝鲜军队），而志愿军先前也单方面释放过部分俘虏，再加上作战的因素使双方关押的俘虏数量相差较大。美国和南朝鲜从政治和兵员（缺少人力资源的南朝鲜迫切需要用战俘来补充兵员）两方面考虑，企图用违反日内瓦公约的“自愿遣返”的方式来处理战俘问题，遭到中朝方反对。1952年5月7日，巨济岛战俘为抗议“甄别”，反对虐待，将战俘营司令杜德准将扣留。当时，李奇微已受命去接任因艾森豪威尔参加总统选举而空出的欧洲盟军司令一职，他和他的继任者克拉克上将一起赶到巨济岛，下令采取镇压措施。如何对待敌方的战俘和己方的被俘人员，变成了东西方战争文化冲突的一个焦点。

黄继光的脊梁骨

1952 年 8 月 4 日，毛泽东在全国政协会议上说："谈还是要谈，打还是要打，和还是要和……他们为扣留 1 万个俘虏而奋斗，就死掉 3 万人。他们的人总比我们少得多。"战场的沉寂于 9 月被打破。志愿军决定在一线部队换防之前，对敌实行战术反击。9 月 18 日起，至 10 月 31 日止，志愿军战术反击作战共毙伤俘敌军 27200 余人。

敌军于 10 月 14 日，发起金化攻势——"摊牌行动"，企图夺取金化以北中部战线战略要地五圣山南麓前凸的两个要点，即 597.9 高地和 537.7 高地，这两个面积只有 3.7 平方千米的高地下有一小村庄叫上甘岭，所以这个由志愿军抗击美军夺取小高地的连营规模战斗"发展成为战役规模"的作战被称作上甘岭战役。

最初防守这两个高地的是第十五军四十五师的两个连队。敌人从 10 月 12 日起即以飞机大炮对这两个高地实施连续两天的火力准备，10 月 14 日在飞机、大炮支援下，地面部队向两个高地发动猛烈全面的攻击，战斗打得极为惨烈。志愿军总部判断，敌人向我中部五圣山主阵地进攻是企图占领上甘岭，突破我中方防御阵地。志愿军新任副司令杨得志当即给三兵团参谋长和十五军军长秦基伟打电话，要求他们集中力量准备粉碎敌人在上甘岭地区的任何进攻。为此，十五军的官兵抱定"一人舍命，十人难挡"的决心，在上甘岭两高地连续与敌激战七个昼夜，顶住了敌人数倍于己的进攻，敌方伤亡惨重，四十五师也伤亡很大。邓华向十五军领导发出指示，指出敌人成营成团向我阵地发起攻击，这是敌轻视我军炮火而采取的错误用兵方式，也正是我军抓住敌错误、歼灭敌人的最好机会，必须坚决继续战斗下去，将坚守坑道与反击作战更好地结合起来，大量杀伤敌人，争取粉碎敌进攻。为支援十五军作战，志愿军司令部迅速调集炮兵部队，炮二师、炮七师、火箭炮第二〇九团、六十军炮兵团以猛烈炮火有效地保护两个高地上坑道口的安全。在十五军伤亡较大的情况下，志愿军司令部又决定由十二军对十五军进行增援。王近山根据邓华的命令，迅速令第十二军副军长李德生率部在五圣山以北地区集结，作为十五军的预备队，并于 11 月 6 日接替十五军防务。

上甘岭一战从 10 月 14 日敌人发起地面攻击开始，至 11 月 25 日结束，共 43 天。前期从 10 月 14 日至 11 月 6 日，由十五军四十五、二十九师坚守上甘岭两高地的坑道。后期从 11 月 6 日至 11 月 25 日，由十二军三十一师、三十四师坚守。因战场狭小，双方只能用“添油”的方式逐次投入兵力。志愿军参战的两个军每天夜晚都投入两个连，上到高地去轮换作战。仅战后被命名为“上甘岭特功八连”的一个百十来人的连队，一仗下来，先后补充的兵员就达 800 人之多！到最后连幸存的连长都已认不出谁是自己连队的兵。在这片不过 3 平方千米的战场，志愿军陆续投入兵力约 4 万人。美军则由范弗里特直接指挥，共投入 3 个师 6 万多人，坦克 170 辆，火炮 300 门，飞机 3000 架次，发射炮弹 190 万发，航弹 5000 枚，加上志愿军发射炮弹 40 万发，用在上甘岭弹丸之地的火力创造了世界战争史之最。山头被削低了近 2 米，山上粉尘达 1 米厚，其战斗惨烈程度可见一斑。是役，志愿军伤亡 1.15 万人，而美军伤亡 2.5 万人。美国新闻记者说，这次战役实际上是“朝鲜战争的凡尔登”。

但是，比在这场空前绝后的惨烈战役中钢与火的迸击更深地留在人们记忆中的，是一位中国士兵的英雄壮举。10 月 18 日，黄继光这个小个子四川战士，在收复阵地的战斗中，用胸膛堵住了敌人地堡的枪眼。在战后收殓他的遗体时发现，他的胸脯被子弹洞穿，只剩下一条脊骨。黄继光和许许多多无名士兵的英勇献身，凝结成了一种以“上甘岭”命名的中国精神，这是一种能使懦夫闻之丧胆，也能使勇者闻之振奋的精神，其秘密只在于你是否是它的敌人。

时至今日，在“上甘岭特功八连”晚点名时，你听到呼点的第一个名字依旧是“黄继光”，而答“到”的则是全连的军官与士兵。对英雄和荣誉的向往是任何军队、任何一位真正的军人毕生追求的最高之境。

想“用枪猎取和平”的艾克

战争像停在隧道里的列车，看不到一丝胜利结束的光亮。杜鲁门对每况愈下的民意支持无计可施，他除了引用一段“他拼了老命”的墓志铭来勉励自己以外，已经宣布不打算参加下届总统竞选。他的退出，并不见得就能确保民主党人再次赢得总统大选。他们推举出的总统候选人史蒂文森州长，被怀疑与共产党在 20 年前有牵连而声名狼藉。在那个连竞选美国小姐都要回答对卡尔·马克思的态度的时代，五星上将艾森豪威尔成了众望所归的总统候选人。在 1952 年 11 月的大选中，艾森豪威尔果然取得了胜利。

也许是为了履行竞选中“如果当选，我将亲自去朝鲜，并结束这场战争”的诺言，也许是意识到朝鲜战争是美国总统绕不开的难题，艾森豪威尔在当选总统几天后，就飞到朝鲜。在那里他除了见到自己在前线当营长的儿子，也真切地触摸到了在朝鲜山地对志愿军固守的阵地作正面攻击是徒劳的作战。他是一名老兵，因此几乎一眼就能看出问题所在。“我们不能永远停留在一条固定不变的战线上，继续承受看不到任何结果的伤亡。小山丘上的小规模进攻是不可能结束这场战争的。唯一的办法最后只能是不顾一切危险，全力发动一场进攻。”他是诺曼底战役的指挥官，对于那次成功总是记忆犹新。在艾森豪威尔“八个百万富翁，一个管子工”的阁员班子中，右翼的好战分子比杜鲁门政府还要多。为首者杜勒斯正在孕育“大规模报复战略”，准备用原子弹来对付共产主义的扩张。克拉克组成专门小组，制订了《8–52 作战计划》，要点是通过陆、海、空三军大规模的全面攻势，推进至元山—

平壤一线。其中包括大规模两栖登陆，并对中国境内目标实施空袭。

为了抗击敌登陆，毛泽东于12月20日签发中共中央《关于准备一切条件，坚决粉碎敌人登陆，争取战争更大胜利》的指示。这一指示判断敌人有从我侧后海岸，特别是在西海岸以7个师的兵力进行冒险登陆进攻的充分可能。12月下旬，志愿军专门成立了西海岸指挥部，由邓华兼任司令，志愿军防御重点转向朝鲜西海岸，坚决不准敌人登陆。原定回国的第三十八军、三十九军、四十军部队全都调往西海岸准备反登陆。

在艾森豪威尔宣誓就职的5天后，美国军方发起了“鞭挞行动”的“空中—坦克—步兵”的协同作战，作为试探性进攻。当天还请来美国国会议员、高级军官、新闻记者到场观战。进攻开始时，美军发射了17万发炮弹，投掷下22万磅炸弹。然后以一个营的兵力向只有志愿军一个排防守的T形山开始进攻。志愿军以伤亡11人的代价，打退了敌人的进攻。据美国军方统计自己伤亡77人。议员们对自己目睹的失败大吃一惊，他们惶惶不安地说：“不管采取什么方法，美国人的死亡名单必定更长。”在新闻记者的报道下，这次活像百老汇演出的惨败，更成为这场战争无法打胜的一种例证。

1953年2月2日，艾森豪威尔宣布取消中国台湾地区“中立化”，放蒋介石出笼。第二天他又向出兵朝鲜的16国国家代表协商对中国实行封锁的政策。他的冒险政策一出炉就遭到美国国内外的强烈反对。16国代表也都对此感到难以追随。连英国也当即表示：绝不同意使用蒋介石的武装进而导致朝鲜战争的扩大。封锁中国是一种错误。艾森豪威尔的战争政策在国内外陷入孤立。印度报纸责问，难道艾森豪威尔打算“用枪去猎取和平吗”？在四处碰壁之后，艾森豪威尔政府开始转向到谈判桌上去寻求结束战争的路径。

也许是巧合，2月11日，壮志未酬的范弗里特到龄退役，他的职位被马克斯维尔·泰勒接替。日后为“不定的号角”而苦恼的泰勒，在当时心里很清楚，现在的基调是艾森豪威尔希望结束伤亡惨重的战争，尽快实现体面的和平。

斯大林在去世前摇动了橄榄枝

斯大林是对朝鲜战争影响最大又最神秘的人物。从战争的大幕拉开伊始，他就一直隐在幕后，将一切操控于掌上。在1952年最后一个星期，他在回答《纽约时报》记者提问时说，“苏联是关心结束朝鲜战争的，愿在结束朝鲜战争问题上同艾森豪威尔合作。”也许艾森豪威尔对斯大林并不信任，他试图通过红十字国际委员会的一项决议打破中断四个月之久的停战谈判僵局。1953年2月22日，克拉克将军致函朝中方面，建议按照红十字会最近通过的一项协议，在战争期间先行交换病伤战俘。这是一个重要的信号，说明美国人准备回到谈判桌前来了。此前不久，周恩来要乔冠华对是否主动提出和谈复会作一分析，乔冠华的结论是：“一动不如一静，让现状拖下去，拖到美国愿意妥协并由他采取行动为止”。现在机会来了。中国应该怎样把握这个机会呢？从已知的历史情况看，斯大林并不希望中国与美国过早地媾和。

在联合国一些国家提出“五步谈判方案”时，这个方案对中国有利，对北朝鲜则不利，苏联不同意此时与美国停战（年轻的红色中国还未学会如何在与盟国的战争中讨价还价，维护自身利益）。毛泽东没有接受这个停火方案。在第五次战役结束后，毛泽东开始考虑要不要停战的问题：一、志愿军出兵朝鲜开战时的优势已经不复存在。二、美国有意进行谈判。三、金日成也看出短期内不存在解放南朝鲜的可能性，亦同意停战。四、国内经济压力。1951年6月4日，毛泽东曾致电斯大林，提出朝鲜战争不可能速胜，必须准备打一场持久消耗战。斯大林给毛泽东回电说：“我同你一样认为，不应加快朝鲜战争，因为持久的战争第一能够使中国军队在实战中学习现代战争；第二将会动摇美国杜鲁门政府和打破美英军队的军事神话。”随即，毛泽东又给斯大林回电，明确提出派高岗去莫斯科，报告我们“关于战争与和平问题的想法”。当高岗代表中共中央提出，是否可以考虑以三八线为界举行停战谈判的时候，斯大林显得十分不安。他表示：你们现在打得很好，为什么要停战？害怕打下去的应当是美国人，不是我们。在高岗和金日成反复解释中朝方面的困难之后，斯大林终于作出让步，说如果你们一定想停战，那就试一试吧。6 月 22 日，根据斯大林指示，苏联驻联合国代表马立克回应凯南的试探，提出一项结束战争的建议。7 月 10 日，朝鲜停战谈判正式开始。在谈判的过程中，斯大林提出了许多具体意见，其基本倾向是不应该向美国人作过多的让步。他明确："对美国必须强硬。中国同志必须了解，如果美国不输掉这场战争，那么中国永远也收复不了台湾。美国人是一批商人，美国兵都是投机商，都做买卖。德国人 20 天就占领了法国，美国人已经打了两年，却对付不了小小的朝鲜。这算什么实力？当然，要理解朝鲜，他们有很大牺牲。对朝鲜必须帮助、支持他。"而这一次，当克拉克代表美国人，再一次摇动橄榄枝时，斯大林会是一种什么样的态度呢？

这一次，无论是马克思还是上帝，都不肯让他再左右局面了。1953 年 3 月 5 日，斯大林突然逝世。不久，莫洛托夫在苏共中央率先提出一份关于立即在朝鲜停战问题的备忘录，这一文件认为，朝鲜战争拖延至今，给苏联以及中国和朝鲜都造成了极大的负担。以往曾经有过几次实现停战的机会，但都没有引起足够的重视，这是一个错误。现在应到了需要立即停止这场战争的时候。莫洛托夫的提议迅速得到了克里姆林宫新决策者们的同意。他们以苏联政府的名义致毛泽东和金日成一封信：继续执行迄今为止推行的路线"是不正确的"，从中国、朝鲜和苏联三国的利益出发，应当在停止战争方面表现出一种"主动精神"。据此，克里姆林宫提议：立即由金日成和彭德怀就"联合国军"司令克拉克 2 月 22 日发出的关于交换伤病战俘问题的呼吁，作出积极回答。然后由周恩来和金日成分别发表声明，说明积极解决战争战俘问题，保证朝鲜停战和缔结和约的时机已经到来。3 月 21 日，周恩来在莫斯科参加斯大林葬礼，苏联领导人正式向他递交了这一信件。

根据政治决策的变化，3 月 28 日，金日成、彭德怀联合发出致克拉克的复信，同意交换病伤战俘。并认为应把战争期间交换战俘问题的合理解决引导到全部战俘问题的顺利解决，使朝鲜停战得以早日实现。因此建议立即恢复板门店谈判。两天后，周恩来就朝鲜停战谈判问题发表声明。4 月 1 日，苏联外交部部长莫洛托夫发表声明，支持周恩来的意见。4 月 6 日，停战谈判联络组会议开始举行。11 日签署了遣返病伤战俘的协定。中方又进一步提出了解决战俘问题的新方案。横在停战谈判途中的最后一个障碍清除了，停战谈判迅速获得了进展。

克拉克将军“随时准备着”

坚决反对停战谈判的李承晚，于 4 月 9 日向美国总统递交了一封抗议信，坚决反对恢复谈判。联想起他以前说过的“假若停战，南朝鲜人准备单独战斗到底”的话，艾森豪威尔决定认真对付李承晚的抗议。他给李承晚回了一封长信，除了对这位总统给予安抚之外，还以军人的直截了当向他说明：一、击退共产党武装进攻的任务已经完满地完成；二、任务既已完成，如拒绝在体面的基础上先行停战，那就不能自圆其说；三、美国和联合国支持朝鲜在它的自由和独立得到保证的条件下统一起来，但从没有承担义务要诉诸战争来达到这一目标；四、任何体面基础上的停战协议，都是以双方愿意讨论遗留问题并作出合情合理的努力去达成上述协议为前提的。信的最后表明，如果李承晚当局的行动得不到美国和联合国的支持，那同样将是一文不值的。

为了防止李承晚破坏大局，美国甚至准备了军事政变方案，方案代号叫作“随时准备着”。而执行这个计划的指挥官是克拉克将军。

关于如何搞掉李承晚，克拉克将军把自己的措施向美国参谋长联席会议作了报告：“邀请李承晚到汉城或其他地方，使他离开韩国临时首都。‘联合国军’司令官进入釜山地区，拘捕 5 ~ 10 名在李承晚的专横政府中担任过领导人的韩国高级官员。并通过韩国军队总参谋长实行军事管制，直到取消之时为止。”将李承晚单独扣押起来，由“联合国军”司令部着手建立以首相张泽相领导的政府；如果他拒绝，则将在韩国军队或直接在“联合国军”

领导下建立一个军政府。美国参谋长联席会议和美国国务卿杜勒斯以及美国国防部部长威尔逊都批准了这个“随时准备着”计划。通知克拉克，在紧急情况下，他有权采取必要行动。

克拉克上将出身将门，他的父亲老克拉克将军在陆军大学任教官时，麦克阿瑟是他的学生。虽然他和柯林斯、李奇微上将是同一期西点军校的毕业生，但却在139名学员中名列第110位。尽管如此，他还是在陆军中得到了快速晋升。当然，不应该完全把这种进步看成他父亲的余荫，克拉克在当上尉的时候曾经做过胆囊手术，医生认为他不适合在野外工作，应该退役，有几家大公司也愿意高薪聘请他，但克拉克决定留在军队。他的旅长给他的评语是：“可望获得最高成就的军官”。第二次世界大战时他是意大利方面的第5军司令官，曾经指挥过有名的萨莱诺和安齐奥登陆作战。在安齐奥的时候，李奇微作为第82空降师师长曾隶属于他的指挥之下，所以当时他的军阶在李奇微之上。当沃克将军横死朝鲜时，他认为“后任应该是我了”。按照当时美国将军排列顺序来看的确如此。但是他却在1952年5月继李奇微之后才获得“联合国军”总司令的职位。他对这件事情颇有些耿耿于怀：“并没有给我胜利的权限和军事物资……给我的任务不是胜利，而是努力尽快实现停战。”

尽管克拉克也提出过扩大战争的8点行动方案，如轰炸水丰发电站；轰炸平壤；轰炸平壤至开城的供应线；轰炸北朝鲜所有目标；释放反共战俘；中断谈判；增强李承晚的军队；施放调用蒋介石军队计划的烟幕等。这些与麦克阿瑟、李奇微所提出的方案如出一辙，尽管克拉克履任时情况已与一年前有很大不同，但一连三任的美军这些高级指挥官的见解都如此一致，看来他们的职业眼光的确全都来自西点军校的制式——十分专业也十分狭隘。

给李承晚最后一击的杨勇

最终让李承晚老实下来的不是艾森豪威尔，也不是克拉克，而是志愿军二十兵团新任司令杨勇。这真可以说是历史的讽刺。

杨勇、杨得志、杨成武是中国军队著名的“三杨”。他们三人都是威名赫赫的战将，在中央军委决定增派兵员参加朝鲜战争时，周恩来曾说，我们要来个三阳开泰。杨得志、杨成武已经到了朝鲜，“三杨”之中独缺杨勇。1953 年 4 月 18 日，中央军委命令杨勇任二十兵团司令，5 月上旬，杨勇终于踏上了朝鲜的土地。为了配合停战谈判，志愿军决定对金城之敌实行反击作战。主要以打击南朝鲜军为主，力求大量歼灭其有生力量，对英国及其他国家军队则暂不作攻击，对美军也不作大的攻击。6 月 10 日，杨勇指挥兵团所属六十军对敌发起进攻，经过补充训练的一八〇师也投入战斗，全军取得了毙伤俘敌 14800 人的重大战果。随后又指挥六十七军对南朝鲜第 8 师据守的十字架山发起进攻，仅用 25 分钟即占领主峰表面阵地，而后迅速转入对坑道内敌人作战。六十七军在反击作战中毙伤俘敌 13500 人。

6 月 15 日，停战谈判达成协议。志愿军司令部命令从 6 月 16 日起，一律停止主动向敌攻击。

李承晚为破坏停战谈判，6 月 17 日夜，以“就地释放”为名，强行扣留了 2.7 万名朝鲜人民军被俘人员，并把他们中的许多人强制编到南朝鲜的军队中去。紧接着，李承晚宣布，停战协定一旦签订，“要把我的军队从联合国管辖下撤出来”，“要打到鸭绿江”。对此美国人感到十分恼火，一方面积极准备执行“随时准备着”计划，一方面以停战后与李承晚订立长期军事合作条约作为交易条件，让李承晚接受美国的主张。李承晚破坏停战谈判的行径，理所当然引起了全世界舆论的谴责。

此时，彭德怀正在从北京赶赴开城的途中，准备参加停战协定签字事宜。在途经平壤时彭德怀给毛泽东发了一份电报：

> 与克农、邓华均通电话。根据目前情况，停战签字需推迟至月底比较有利，为加深敌人内部矛盾，拟再给李承晚军以打击，再消灭李承晚军一万五千人，此意已告邓华妥为布置。

毛泽东接彭德怀电报后，当即复电，表示同意：

> 停战协定签字必须推迟，推迟至何时为适宜，要看情况发展才能决定。再歼灭李承晚军万余极为必要。

根据毛泽东的电报，志愿军党委在彭德怀主持下开会研究，决定发起第三次反击，打击南朝鲜军。会议决定，以二十兵团指挥的第六十七、六十八、六十、五十四军以及加强他们的二十一军、二十四军，在金城以南实施进攻，以拉直金城以南战线，歼灭当面南朝鲜8个团零1个营为战役目的。7月上旬完成战役准备，7月10日左右发起进攻。志愿军其他各军，只做进攻准备，但采取守势。杨勇根据彭德怀的安排从7月13日对敌发起进攻，一小时内全部突破敌前沿阵地。到14日夜间，敌阵地被全线突破。在这场战斗中，六〇七团侦察排13个人的侦察班，在副排长杨育才的带领下，化装成护送美国顾问的南朝鲜兵，接连混过敌人三道防线，出其不意直捣敌首都师王牌——白虎团团部，时逢敌指挥所开会，他们突然开火，打死打伤敌团长以下54人，活捉19人。这一神奇的战斗，终于成为中国人民志愿军抗美援朝的绝唱，可谓功德圆满，精彩之至。后来这段事迹被创作成现代京剧《奇袭白虎团》，由于在它产生的年月里近10亿中国人只有8部戏可看，“奇袭白虎团”便成了中国人家喻户晓的故事。

眼看着老底儿快要赔光的李承晚只能埋怨美军见死不救，美军和南朝鲜军矛盾日渐加深。克拉克感到事态严重，便在第8集团军新任司令泰勒陪同下赶到金城前线，整顿败军，准备反扑，企图夺回金城以南失地。19日至20日两天中，美军共出动400多架次飞机，在大量坦克火炮掩护下实施猛烈的反攻。我军英勇作战给敌人以重大杀伤，并最终守住了阵地。此次金城反击战击毙伤敌7.8万人，超过预计5倍以上，攻占敌阵地面积220平方千米。

痛定思痛，克拉克将军决定一刻也不再拖延，要求立即在停战协定上签字，这时，眼见大势已去的李承晚，也不得不向美方表示准备接受停战协议的条款。

在板门店7月16日的一次会议上，中方代表问："你们美国军队方面能不能控制南朝鲜政府和军队，使他们履行停战协定？"对方回答："你们可以确实相信我们，包括韩国军队准备履行停战协定。"中方代表又问："如果韩国军政府和军队破坏停战协定的实施，准备怎么办？"对方回答："大韩民国进行任何破坏停战的侵略行为时，'联合国军'将不予支持。"

用"海立胜"的名字签署停战协定的哈里逊

威廉·K·哈里逊陆军中将是在乔埃中将于1952年5月离任后，成为"联合国军"的首席谈判代表的。在最初的谈判中，哈里逊时常在会场上吹口哨，以此来表现其对谈判对手的不屑。他还经常"逃会"，在会场上不等中朝方同意他"休会"的提议便匆匆离场。当然所有这一切都与美国政府的指令有关。直到谈判后期，美韩军队在战场上连连吃亏之后，哈里逊的态度才算有了起码的礼貌。

7月27日，是朝鲜停战协定签字日。哈里逊突然提出，必须要把他的中文名字翻译成"海立胜"，并以此签订停战条约。他想显示，他是"在海岛上站立着的胜利者"。于是，今天每一个翻看朝鲜停战协定的中国人都会看到一个名叫"海立胜"的美国将军的签名，看来，在战场上得不到的东西，在谈判桌上也得不到时，就只好求助于美国式的阿Q精神去获得了。

与哈里逊将军的自欺欺人不同，倒是他的上司克拉克上将道出了实话："在执行我国政府的训令中，我获得了一项不值得羡慕的荣誉，那就是我成了历史上第一位在没有胜利的停战条约上签字的美国司令官。我感到一种失望的痛苦，我想，我的前任，麦克阿瑟和李奇微两位将军一定有同感。"

1952年10月3日，当地朝鲜人民带着鲜花扎成的花圈和各种祭品，成群结队，赶来参加罗盛教烈士纪念碑纪念亭落成奠礼。

1952年10月14日至11月25日，在朝鲜上甘岭战役期间志愿军战士突破敌人的火力封锁，将弹药补给等送往上甘岭前沿阵地。

中国人民赴朝慰问团总团和第一分团在总团长王子宜率领下，1956 年 2 月 6 日上午乘专车到达平壤。随中国人民赴朝慰问团到平壤的中国戏曲学校京剧团 2 月 7 日在平壤牡丹峰剧场举行首次慰问演出。朝鲜民主主义人民共和国首相金日成元帅出席观看了演出。图为金日成元帅在舞台上和演员们会见。

1952 年 10 月 14 日至 11 月 25 日，在朝鲜上甘岭战役中志愿军第十五军军长秦基伟（右）听取英雄八连指导员王土根汇报上甘岭坑道内坚持战斗的情况。

1952 年 10 月 14 日至 11 月 25 日，志愿军高射炮部队在朝鲜上甘岭连续 43 天的战斗中，共击落敌机 200 余架。

1952 年 10 月 14 日至 11 月 25 日，在朝鲜上甘岭战役中二级战斗英雄邓章德（右）向战友讲解手雷的使用方法。

1952 年 10 月 14 日至 11 月 25 日，在朝鲜上甘岭战役中志愿军指战员在强大炮火的支援下，攻上 537.7 高地北山。

1952 年 10 月 14 日至 11 月 25 日，在朝鲜上甘岭战役中，志愿军某部七连战士易才学炸掉敌人火力点多处，荣获二级战斗英雄称号。

1952 年 10 月 14 日至 11 月 25 日，在朝鲜上甘岭战役中志愿军后勤运输人员背着百余斤的弹药补给跋涉在山林中。

1952 年 10 月 14 日至 11 月 25 日，在朝鲜上甘岭战役中，坚守在坑道中的志愿军战士积蓄坑道岩壁上的渗水以解决缺水问题。

1952年10月14日至11月25日，在朝鲜上甘岭战役中志愿军战士借助简单掩体消灭敌人。

1952 年 10 月 14 日至 11 月 25 日，在朝鲜上甘岭战役中坚守在坑道中的志愿军战士正在交流防御敌人毒气弹的方法。

1952年10月14日至11月25日，在朝鲜上甘岭战役中，坚守在坑道中的志愿军战士积蓄坑道岩壁上的渗水，以解决缺水问题。

1952 年 10 月 14 日至 11 月 25 日，在朝鲜上甘岭战役中坚守在坑道内的志愿军战士，自己动手改善卫生条件。

1952年10月14日至11月25日，在朝鲜上甘岭战役中坚守在坑道中的志愿军战士利用战斗间隙包饺子改善生活。

1953 年 7 月，解放军画报摄影记者孟昭瑞在朝鲜板门店采访停战谈判时留影。

1952年10月14日至11月25日，在朝鲜上甘岭战役中志愿军某部一连班长王彦林（右）率领全班反击537.7高地北山之敌，连续攻占9个山头，扫除25个火力点，先后歼敌250余名，荣立特等功，荣获二级战斗英雄称号。

中国人民第二届赴朝慰问团于1952年10月26日向朝鲜民主主义人民共和国金日成首相致敬。图为慰问团总团长刘景范代表全中国人民向金日成将军和他领导下的朝鲜军民，致以崇高的敬意和亲切的慰问。

陆柱国，军委总政文化部创作员，青年文学创作者，
著有《上甘岭》《风雪东线》《决斗》等。

陈沂副总团长在朝鲜前线中国人民志愿军某部高射炮阵地进行慰问，受到战士们的欢迎。

1950 年 10 月至 1953 年 7 月的抗美援朝战争是中国人民为保家卫国，维护亚洲与世界和平而进行的一场反侵略的正义战争。中国人民志愿军以革命英雄主义和爱国主义、国际主义精神，同朝鲜人民军并肩战斗，最终迫使侵略者在停战协定上签字，从而保卫了祖国的安全，捍卫了新生的社会主义中国。在三年的战争里，志愿军中涌现出千千万万个黄继光、邱少云、杨根思，他们为了祖国和人民，为了保卫和平，用鲜血和生命谱写了一曲曲英雄的赞歌，他们是中华民族的优秀儿女，是我们心中最可爱的人。在 1952 年秋季的上甘岭战役中，志愿军与 6 万多敌人浴血激战 43 天，打退其 900 多次进攻，坚守住了阵地，毙伤俘敌 2.5 万余人。上甘岭战役的胜利，标志着志愿军在整个正面战场完全掌握了主动权。这是坚守在坑道里的战士夜间出击。

中国人民解放军在80年的奋斗历程中涌现出了众多的英模人物，其中张思德、董存瑞、黄继光、邱少云、雷锋、苏宁、李向群和杨业功是他们当中的杰出代表，集中体现了人民军队的优良传统。一个英雄就是一面旗帜，他们的英雄业绩和崇高品质，具有极大的鼓舞和示范作用，激励着广大官兵自觉践行英雄事迹，走英雄成长的道路，忠实履行新世纪新阶段我军历史使命。黄继光，中国人民志愿军著名战斗英雄。他1951年参加中国人民志愿军赴朝作战。在上甘岭战役中，当部队被敌火力压制前进受阻时，他挺身而出，连续摧毁敌多个火力点，身负重伤，继续顽强爬向最后一个火力点，用胸膛堵住向我疯狂扫射的敌机枪眼，以生命为战友开辟了前进道路。

这是守卫上甘岭阵地的志愿军高射炮部队的炮手。

结 语 ★

越过战争的肩头
向更远方眺望

发生在 1950 年的朝鲜战争，在割裂 20 世纪的同时，也把整个世界劈成了两半。“铁幕”锵然落下，“冷战”由此发端，尔后，发生于 20 世纪下半叶的种种大小事件，或多或少总与这场战争有着直接或间接的关联，足见其影响之深远。

50 年后，尘埃落定，各国研究这场战争的文字虽不能说是汗牛充栋，起码也叫人目不暇接。但能一语中的、精辟概括这场战争特点的，当数时任美国参联会主席的布莱德雷。早在 1951 年 5 月 15 日，距朝鲜停战还有两年多的时间，这位五星上将就用一句话对美国人执意要卷入的这场战争盖棺论定：“在错误的时间，错误的地点，同错误的敌人，打了一场错误的战争。”

千真万确。细细想来，不会有比这更准确、更精辟的结论了。无论是对敌人，还是对敌人的敌人。

从最初的错误，到最后的错误；从构成原因的错误，到导致结果的错误；从大错误，到小错误——一场整整打了三年零两个月的战争，简直就是一个错误的集合体，被敌我双方各自的、相互的、有意的、无意的、显而易见的、不被察觉的种种错误所充斥，所布满，环环相扣，层层缠绕，让人断难理出个头绪。

尽管历史不能假设，可人们还是会禁不住对历史的或然性进行种种猜度——

假如当年雅尔塔的“巨头们”不轻率作出把朝鲜一分两半的决定；假如杜鲁门不接受丘吉尔的“铁幕”理论，从而执迷于冷战；假如斯大林确信美国人肯定会干预朝鲜内战；假如美国人不把北朝鲜统一国家的战争看成共产主义阵营的扩张；假如金日成听从了要他防备美军仁川登陆的提醒；假如美国政府没有在朝鲜内战爆发的第二天就派出第 7 舰队封锁台湾海峡；假如美国政府在出兵朝鲜后没有误解周恩来的一再警告；假如麦克阿瑟没有狂妄地挥师鸭绿江畔；假如美国参联会能对麦克阿瑟的独断专行有所节制；假如美国人不曾低估没有制空权的中国军队的作战能力；假如彭德怀在第四次战役时对敌人的迅速反攻能有充分的估计；假如第五次战役不是像彭德怀事后检讨的那样打急了、打远了……假如所有的假如都如期发生，那么，还有谁会打一场错误的战争或在战争中一而再、再而三地犯错误？

但由于一切假如都没能出现，于是，所有的错误便全都发生了。

事实上在当时当刻，几乎没有一样错误是可以避免的，所以才最终一样也没能避免。能够避免的就不是错误。错误只能在发生之后才可确认，错误发生之后唯一不让人感到绝望、唯一还能让人抱有希望的是它还有纠正的可能性。虽然这可能需要时日，需要耐心，有时甚至需要漫长的时日，持久的耐心。

譬如：朝鲜停战 20 年后，当年艾森豪威尔总统的副手、有“最坚定的反共斗士”之称的美国总统尼克松，终于在 1972 年那个春寒料峭的早晨，从沉沉铁幕后伸出手来握住了最坚定的共产党人周恩来的手。虽然在这一时刻预言铁幕崩毁、冷战结束还为时尚早，但世界的改变的确是从这一刻开始的，这一点今天已没有人表示怀疑。

再譬如：整整 50 年，那场战争的主要当事者朝韩双方，终于也从敌意重重的迷雾中向对方伸出了手。当金日成之子金正日与韩国总统金大中握手拥抱时，当年那几位试图在雅尔塔一揽子包办世界事务的巨头们真该感到惭愧。

历史在整整半个世纪之后又回到了它起步的地方，只是不再是以战争的方式。原来，再小的国家的人民也具备处理他们自身事务的政治智慧。对这一点，直到今天似乎还有人没有弄懂或者根本就不懂。因为对别人指手画脚、横加干涉总比尊重别人的选择来得容易，来得痛快。

对中华人民共和国来说，参加50年前在朝鲜半岛发生的战争实属被迫。然而，此战却成了这个新生国家提前举行的成人礼。从此，这个曾经的半殖民地国家和人民知道了自己的力量，建立起平视对方的心态，也学会了与强权国家打交道的本领。中国军人以鲜血和战争艺术赢得了对手的敬畏，打破了资本主义中心地区国家对边缘国家的扼杀，并赢得了重大的国家利益——中国东北地区的完整主权和实现国家工业化的全套装备体系。

现在，再有一个半月，被那场充满血腥记忆的战争割裂的20世纪就将彻底成为历史。但愿与它一起成为历史的，还有战争。是的，战争。无论是萨达姆式的入侵，还是以人道主义干预名义进行的战争。

2000年9月12日至10月12日于广州－北京

后　记

这本书几经反复，终于要出版了。

为此，要感谢新华社军事分社的谭道博社长，2000 年他力邀我们写作，才产生了这部书稿。当然，要感谢国防大学出版社与长江文艺出版社的坚持和编辑孟通的努力，使这部我们看来已成鸡肋的旧著能够与读者见面。需要向读者抱歉的是，由于当年只有一个月的时间匆匆赶稿，占有资料肯定不够，其后又被搁置，故写时无暇、后来无心再根据新公布的史料去补充修改。好在这本书不是写战史，而是写战争中的人物，从中可以看到许多人在那场战争中的身影，足以寄托哀思，或引发思考。

我们之所以同意在此时出版此书，很大程度上因为朝鲜半岛战雾重现，使其有了现实意义。可以让人们重温那场割裂了 20 世纪的朝鲜战争的教训。

对国家来说，地理即命运。地缘政治决定了中国与朝鲜半岛休戚与共的宿命。朝鲜与中国唇齿相依，最近朝鲜搞核武试验，像是嘴唇生了大泡，既不美观，又很难受。然而，对牙齿来说，绝不可因此嫌弃嘴唇。对有人要割了嘴唇的建议和举动，更要存疑和反对：豁出去的牙齿更好看、更安全吗？嘴上长泡，慢慢治就是；对上火的原因，也不能视而不见。朝鲜半岛停战 60 多年没有和平条约的奇葩局面，是冷战的遗产，也是帝国主义大国为自身战略利益轻视小国安全的样本，这是朝核危机的真正源头。

当年，毛泽东为出兵朝鲜与开国将帅多次讨论，辗转反侧数日，方做出“最艰难的决定”。其难，无非是生死攸关、利弊权衡。今天的问题，虽没有当年那么急迫，却同样重大。唇亡齿寒，古今同理。所以，中国反对任何人在朝鲜半岛生事、生乱、生战，这是义利并重的明智之举。

抗美援朝战争的爆发，很大程度上与麦克阿瑟的狂妄有关。出于对“中国洗衣匠”和美国文官政府的轻视，他贸然做出了打到鸭绿江边的决定。迫使中国只能投入“抗美援朝、保家卫国”的战争，而这也导致了他被解职。最近，美军太平洋地区总部司令哈里斯多次发表威胁中国的言论，与美国行政当局的有关表态出现了明显差异，这究竟是美国政府与军方的红脸白脸戏法，还是军方在挑战政府的政治底线？无论如何，麦克阿瑟和朝鲜战争的结局一直就在那里，提醒着所有想重蹈覆辙或不想再重蹈覆辙的人们。

王湘穗　乔良

2016 年 4 月份于北京

附录

主要参考资料

[1] 柴成文，赵勇田．板门店谈判 [M]. 北京：解放军出版社，1989.

[2] 车哲九．南朝鲜四十年 [M]. 北京：中国展望出版社，1990.

[3] 陈新民．三八线的较量——朝鲜战争与中苏美互动关系 [M]. 北京：国际文化出版公司，1995.

[4] 樊高月．西点精英 [M]. 海口：海南出版社，1996.

[5] 华庆昭．从雅尔塔到板门店——美国与中、苏、英 (1945-1953) [M]. 北京：中国社会科学出版社，2006.

[6] 黎风．联合国重大决议内幕揭秘 [M]. 广州：广州出版社，1998.

[7] 李节传．抑制美国：朝鲜战争中的加拿大 [M]. 北京：中国社会科学出版社，1998.

[8] 齐德学．巨人的较量——抗美援朝高层决策和指导 [M]. 北京：中共中央党校出版社，1999.

[9] 王伟．美国对亚太政策的演变 (1976-1995) [M]. 济南：山东人民出版社，1995.

[10] 徐焰，吴少京．抗美援朝战争画卷 [M]. 北京：中央文献出版社，2000.

[11] 杨迪．在志愿军司令部的岁月里——鲜为人知的真情实况 [M]. 北京：解放军出版社，2009.

[12] 杨凤安，王天成．北纬三十八度线——彭德怀与朝鲜战争 [M]. 北京：解放军出版社，2000.

[13] 叶童．朝鲜之冬——志愿军血战美国王牌军 [M]. 成都：四川人民出

版社 ,1994.

[14] 资中筠 . 战后美国外交史——从杜鲁门到里根 [M]. 北京 : 世界知识出版社 ,1994.

[15]《当代中国》丛书编辑部 . 当代中国丛书：当代中国空军 [M]. 北京 : 中国社会科学出版社 ,1989.

[16]《彭德怀传》编写组著 . 彭德怀传 [M]. 北京 : 当代中国出版社 ,1993.

[17][美] A.D. 洛乌 . 龙与熊：中苏争端始末 [M]. 北京 : 兵器工业出版社 ,1989.

[18][美] 阿瑟 · 林克 , 威廉 · 卡顿 .1900 年以来的美国史 [M]. 北京 : 中国社会科学出版社 ,1983.

[19][美] 奥尔马 · 布莱德雷 , 克莱 · 布莱尔 . 将军百战归 [M]. 北京 : 军事谊文出版社 ,1985.

[20][美] 保罗 · 肯尼迪 . 大国的兴衰 [M]. 北京 : 求实出版社 ,1988.

[21][美] 贝文 · 亚历山大 . 统帅决胜之道 [M]. 北京 : 新华出版社 ,1996.

[22][美] 戴安娜 · 拉维奇 . 美国读本——感动过一个国家的文字 [M]. 上海 : 三联书店出版社 ,1995.

[23][美] 道格拉斯 · 金纳德 . 国防部长 [M]. 北京 : 解放军出版社 ,1989.

[24][美] 费正清 . 美国与中国 [M]. 北京 : 商务印书馆 ,1971.

[25][美] I.F. 斯通 . 朝鲜战争内幕 [M]. 杭州 : 浙江人民出版社，1989.

[26][美] 杰弗里 · 帕克 . 剑桥战争史 [M]. 长春 : 吉林人民出版社 ,2001.

[27][美] 孔华润 . 美国对中国的反应 . 上海 : 复旦大学出版社 ,1997.

[28][美] 拉塞尔 · F · 韦格利 . 美国现代陆军史 [M]. 北京 : 国防大学出版社 ,1987.

[29][美] 理查德 · 霍夫斯塔特 . 美国政治传统及其缔造者 [M]. 北京 : 商务印书馆 ,2010.

[30][美] 李奇微 , 马修 · 邦克 . 朝鲜战争——李奇微回忆录 [M]. 北京 : 军事科学出版社 ,1983.

[31][美] T.N. 杜普伊 . 武器和战争的演变 [M]. 北京 : 军事科学出版社 ,1985.

[32][美] 托马斯 · 帕特森 . 美国外交政策 [M]. 北京 : 中国社会科学出版社 ,1989.

[33][美] 沃尔特 · 艾萨克森 , 埃文 · 托马斯 . 美国智囊六人传 [M]. 北京 : 世界知识出版社 ,1991.

[34][美] 威廉 · 曼彻斯特 . 光荣与梦想——1932-1972 年美国社会实录 [M]. 北京 : 商务印书馆 ,1978.

[35][美] 小克莱 · 布莱尔 . 麦克阿瑟 [M]. 北京 : 解放军出版社 ,1983.

[36][美] 伊 · 卡恩 . 中国通——美国一代外交官的悲剧 [M]. 北京 : 新华出版社 ,1980.

[37][美] 约瑟夫 · W · 埃谢里克 . 在中国失掉的机会 [M]. 北京 : 国际文化出版公司 ,1989.

[38][美] 约翰 · 特贝尔 . 从华盛顿到里根——美国历届总统与新闻出版界 [M]. 长春 : 吉林人民出版社，1989.

[39][美] 约翰 · 托兰 . 漫长的战斗——美国人眼里的朝鲜战争 [M]. 北京 : 中国社会科学出版社 ,1993.

[40][美] 詹姆斯 · F · 施纳贝尔 . 美国兵在朝鲜 [M]. 北京 : 国防大学出版社 ,1994.

[41][美] 詹姆斯 · 麦格雷戈 , 伯恩斯 . 罗斯福传 [M]. 北京 : 商务印书馆 ,1995.

[42][德] 海因斯 - 迪特里奇 , 菲舍尔 . 普利策最佳国际报道奖获奖文选 [M]. 北京 : 新华出版社 ,1990.

[43][法] 安德烈 · 莫鲁瓦 . 美国史——从威尔逊到肯尼迪 [M] 上海 : 上海人民出版社 ,1977.

[44][法] 尼林 · E · 冈 . 美国档案机密 [M]. 北京 : 群众出版社 ,1986.

[45][日] 高桥正武 . 白宫内幕 [M]. 北京 : 军事译文出版社 ,1985.

[46][日] 日本陆战史研究普及会 . 日本人眼里的朝鲜战争 [M]. 北京 : 国防大学出版社 ,1999.

[47][英] 伦纳德・莫斯利 . 马歇尔 [M]. 北京 : 解放军出版社 ,1987.

[48][英] 富勒 . 战争指导 [M]. 北京 : 解放军出版社 ,1985.

图书在版编目（CIP）数据

割裂世纪的战争——朝鲜 1950-1953 / 王湘穗　乔良著 .-- 北京：国防大学出版社，2016.8（2016.10 重印）

ISBN 978-7-5626-2416-5

I. ①割… II. ①王… ②乔…III. ①抗美援朝战争—研究 IV. ① E297.5

中国版本图书馆 CIP 数据核字 (2016) 第 166898 号

割裂世纪的战争——朝鲜 1950-1953

GELIE SHIJI DE ZHANZHENG —— CHAOXIAN 1950-1953

王湘穗　乔良　著

出版发行：国防大学出版社　长江文艺出版社
地　　址：北京市海淀区红山口甲 3 号
邮　　编：100091
电　　话：010-66772856　010-58678881
责任编辑：黄建国
特约编辑：孟　通　管紫璇
责任印制：张志杰
封面设计：郭　璐
内文制作：张景莹
媒体运营：肖浩然
经　　销：北京长江新世纪文化传媒有限公司
印　　刷：三河市百盛印装有限公司
开　　本：710 毫米 ×1000 毫米 1/16
印　　张：11.75
字　　数：150 千字
版　　次：2016 年 10 月第 1 版第 2 次印刷
定　　价：39.80 元